产权规则建构视角下的集体建设用地再开发

以广州为例

姚之浩　著

U0361111

清华大学出版社
北京

图书在版编目（CIP）数据

产权规则建构视角下的集体建设用地再开发：以广州为例 / 姚之浩著.— 北京：清华大学出版社，2023.1

ISBN 978-7-302-62396-0

Ⅰ. ①产…　Ⅱ. ①姚…　Ⅲ. ①集体所有制—生产性建设用地—土地开发—研究—广州　Ⅳ. ①F321.1

中国国家版本馆CIP数据核字（2023）第015991号

审图号：粤AS（2023）010号

责任编辑： 张占奎
封面设计： 陈国熙
责任校对： 赵丽敏
责任印制： 朱雨萌

出版发行： 清华大学出版社
　　　　　网　　　址：http://www.tup.com.cn, http://www.wqbook.com
　　　　　地　　　址：北京清华大学学研大厦A座　　　邮　　编：100084
　　　　　社 总 机：010-83470000　　　　　　　　邮　　购：010-62786544
　　　　　投稿与读者服务：010-62776969, c-service@tup.tsinghua.edu.cn
　　　　　质量反馈：010-62772015, zhiliang@tup.tsinghua.edu.cn
印 装 者： 天津鑫丰华印务有限公司
经　　销： 全国新华书店
开　　本： 170mm×240mm　　　**印　　张：** 15.25　　　**字　　数：** 223千字
版　　次： 2023年3月第1版　　　　　　　　　　　　**印　　次：** 2023年3月第1次印刷
定　　价： 108.00元

产品编号：098957-01

20 世纪 80 年代以来，珠三角以村社为单位，在集体土地产权和土地股份合作制的治理环境下演绎了如火如荼的农村工业化进程。伴随着集体建设用地的蔓延扩张，农村地区低附加值产业集聚，土地使用低效锁定，城郊土地区位价值难以显现，土地租金沉淀。2008 年以后，经过农村工业化后的集体建设用地更新成为珠三角城乡更新的主要议题。以村级工业园为代表的集体建设用地作为"产业－经济－空间"联动转型的载体，其更新改造对于珠三角半城市化地区的发展模式转型和农村综合改革意义重大。

一直以来，集体土地再开发被当作一个土地开发权和财产权转让、重构，空间权益再分配的经济过程，研究大多数遵照西方制度经济学对土地产权、财产权利的研究范式，忽视了集体土地产权本身所内嵌的社会性和集体性特征对乡村土地利用转型的影响。乡村空间叠加着历史、文化、产权等多层次因素，乡村土地利用转型应关注乡村的内生基因。自上而下的集体土地再开发产权重构必然与乡村集体社区内生的产权认知产生冲突。广东省开展的三旧改造提供了一个审视集体土地再开发过程中产权规则建构过程的机会。

基于集体土地产权的"集体性""社会性"和"认知性"特征，产权规则建构视角下的集体建设用地再开发研究将产权的经济维度与社会维度联系起来，运用新制度经济学的产权理论和制度变迁理论，结合经济社会学对集体土地产权的理论，构建了一个产权规则建构的分析框架；进而以珠三角典型的半城市化地区番禺区为例，剖析土地制度转型背景下集体建设用地再开发所面临的困境及背后的成因，展现集体土地再开发在产权制度供给、经济利益分配和村庄社会转型过程中的冲突与困境。

本研究遵循从理论到实证再到政策的路径。理论层面，首先系统地梳理了集体土地产权的经济学属性和社会学内涵，明晰了人民公社运动以后集体土地产权在长期的制度演化中形成的法定产权和认知产权内涵；进而引入哲学人类学中的"集体性"概念，提出了"乡村集体性"的理论命题，探讨非农化村庄"乡村集体性"延续对集体土地再开发的影响，从而深刻理解我国乡村自治性、内生性特征对村庄改造的影响，揭示政府与农村集体、农民三者之间的土地利益冲突。在实证层面，以广州市为例，分析了广州市对存量集体建设用地再开发的治理思路的转变历程；选取珠三角农村工业化的发源地番禺区，通过实地调研与第一手资料的收集，分析了三旧改造推动的集体建设用地再开发的特征和成效；进而基于产权规则建构的理论分析框架，从法定产权规则、经济产权规则和社会产权规则 3 个层面，深入剖析了集体建设用地更新面临的困境；最后提出相应的集体土地再开发治理的优化对策和政策建议。

研究发现，早期农村工业化的发轫形成了农民将集体土地作为村集体私有财有的认知。珠三角地方政府对农民集体自发工业化的默认，加上征地留用地制度的推波助澜，使农民拥有对集体土地"发展权"和"类所有权"的产权认知。在土地城镇化过程中，政府和农民对集体土地的法定产权和认知产权产生了激烈的冲突。自 1953 年以来，集体建设用地产权在国家土地制度供给和农村地方性的产权社会建构中不断演化与形塑，集体建设用地的权能逐渐完善。作为制度试验的广东省三旧改造政策和集体建设用地使用权流转制度变迁，进一步推动了集体土地市场化配置机制的建立。

政府主导的三旧改造通过保留农民对土地的集体所有权，完善集体土地权能，赋予村集体土地开发权、分享土地开发增值收益，打破了政府垄断土地一级市场和增值收益的传统路径。由于改造涉及土地股份合作制内部产权重组和外部产权交易的高昂成本，大部分集体建设用地改造项目仍处于持续的利益博弈过程中，集体土地仍然牢牢掌握在农民手中，阻碍着农村土地使用的最优化。通过房地产开发模式获得土地租金差仍然是各方参与改造的动力。在机会主义短期利益思维下，村集体不愿将土地流转入市进行市场化配置。集体建设用地再开发主要采取交易成本最低、风险最小的流转出租改造模式。

集体建设用地再开发不仅是简单的"土地利益分配"经济问题，更是土地法定产权、经济产权和社会产权互动建构的过程。在制度转型背景下，土地开发权制度的缺失、土地使用权流转等相关制度的不完善，导致村民对集体土地政策的稳定性和有效性持怀疑态度。自上而下的更新政策的不稳定亦给市场主体参与改造带来利益的不确定性。村社股份合作制的治理结构、福利型社区经济制度、基于小共同的自治传统等非正式规则相比集体土地法定产权和经济产权的演化更为滞后。城市化浪潮逼近下的村民，强烈要求保留集体土地所有权，延续稳定的租赁经济，维系血缘、亲缘、宗缘交织下的人际关系网络和农民身份，以寻求经济和心理上的安全感。

集体建设用地再开发过程中的产权规则建构困境，反映了"认知产权－法定产权"的产权冲突、土地开发的"成本－风险"利益比对和"村庄自治－城市管治"的社会变迁。土地产权制度变迁仅仅提供了集体土地再开发的正向激励，但是其改造的推动似乎更多地取决于集体经济组织、外来投资商和地方政府在各自的经济理性下对土地开发制度环境变迁的认知和响应。推动集体建设用地更新应从完善集体经营性建设用地市场化配置制度设计和非农化村庄基层治理的视角，从实施模式分类、更新模式创新、融资渠道拓展、利益平衡机制建立、空间规划管控等方面，促进集体土地权益格局的渐进性调整。

对于一个并不是在广州市生活与工作的青年学者来说，对广州市存量集体建设用地更新的持续研究必定存在无法长期进行扎根研究、开展田野调研的遗憾。笔者学术水平有限，对珠三角半城市化地区非农化村庄土地经济和社会问题的理解仍有待提升。希望通过未来的努力和机会创造，进一步关注我国半城市化地区的集体土地开发与管理议题。本书可供广大从事国土空间规划编制一线的规划师，国土空间规划管理实践者，高等院校城乡规划、土地资源管理等专业的师生参考，不妥之处敬请读者批评指正。

姚之浩

2022 年 10 月

目 录

第1篇 理 论 研 究

第 3 篇　机　制　解　释

第 1 章
导论

▶ 1.1　研究背景

　　作为改革开放的窗口和我国市场经济改革前沿的珠三角，20 世纪 80 年代初，其农村利用靠近港澳的地缘优势，通过提供土地、廉价劳动力及地方的种种政策优惠，与外商合作发展"三来一补"企业，"先行一步"最早启动了农村工业化进程（傅高义，2013）。20 世纪 90 年代初，自下而上的土地股份合作制改革推动了农村非农经济从集体办企业转型为土地和物业的租赁经济。低成本、持续稳定收益的租赁经济加速了农村地区农地非农化和资本化进程，形成了破碎化、非正规的集体建设用地使用格局。伴随着村集体经营土地和物业租赁能力的逐渐成熟，各行政村通过社区股份合作制，将分散在农户手中的土地集中起来，实现土地支配权、土地使用权及土地收益权的"三权分离"，进而对土地进行区划和整理，自下而上地将分散的集体土地逐步聚合形成村级工业园（刘宪法，2010；Tian et al.，2013）。

由集体建设用地为主构成的村级工业园成为珠三角实体经济发展的重要载体。村级工业园作为早期自下而上农村工业化发展的历史产物，发展方式粗放、产权残缺、业态低端、产出低效、环保和安全隐患等问题凸显，越来越成为制约珠三角产业升级和高质量发展的"绊脚石"。据统计，珠三角9个市的村级工业园总用地面积约150万亩（1亩=666.67 m²），占珠三角工业用地总面积的31%，而集聚区工业增加产值约617亿元，工业增加值仅占珠三角的2%（广东省自然资源厅，2020）。在建设用地资源紧约束背景下，盘活沉睡的集体土地资产是高密度半城市化地区转型发展的必然选择。

2009年广东省政府与原国土资源部合作，在广东省开展节约集约用地试点示范工作，积极推进旧城镇、旧厂房、旧村庄改造（简称"三旧改造"）。三旧改造政策的核心是通过制度创新调动土地权属人和市场主体参与改造的积极性，显化土地资源、资产、资本"三位一体"的属性[①]，实现土地利用效益的最大化。自2015年以来，广东省逐渐将三旧改造拓展为内涵更为丰富的城市更新。城市更新从盘活存量低效用地的单向职能扩展为城市空间治理和产业提升的综合治理职能，强调对产业和经济转型的推动作用。2019年以后，广东省全力推进高质量发展体制机制改革，农村工业化后的存量集体建设用地作为"产业–空间"联动转型的载体，其更新改造对于珠三角半城市化地区的发展模式转型和农村综合改革意义重大。

▶ 1.2 研究现状

珠三角集体建设用地开发的学术研究源于20世纪90年代初启动的南海土地股份制改革和集体非农用地的流转（蒋省三 等，2003a，2003b）。随后大量研究聚焦于南海农村工业化的模式与三旧改造（如朱介鸣、袁奇峰、刘宪法等学者）。

---

① 2010年2月，徐绍史部长在全国国土资源工作会议上的讲话提出以土地资源、资产、资本"三位一体"属性及相互转化的理念为指导，推进土地管理向总量与质量并重，数量与结构并重，资源与资产、资本并重，一级市场和二级市场并重转变。

近年来，有关集体建设用地再开发领域的研究日渐丰富，逐渐成为国内外研究中国城市更新治理和乡村转型的一个学术窗口。

一直以来，集体建设用地再开发被当作一个土地开发权和财产权重构、空间权益再分配的经济过程。城乡规划领域的学者主要从制度转型和利益博弈、土地产权重构、产权制度变迁、产权交易成本等视角剖析集体土地再开发的产权与制度困境（郭炎 等，2016；田莉 等，2015；刘芳 等，2015；王博祎，2017；Zhu，2018；Tian et al.，2018）。社会学领域的学者最早试图从集体土地的社会产权视角去解释珠三角村庄改造与终结的困境。在珠三角农村宗族社会强势的特殊背景下，集体土地背后的村社自治传统、社区非正式经济制度等因素对土地使用存在深刻的影响。集体社区的"地方性"知识和保守的社区经济运作逻辑、集体产权所嵌入的社会关系、源于宗族文化的珠三角农村小共同体对政府管制的抵抗等因素都会阻碍再开发的实施（李培林，2004；蓝宇蕴，2005；林永新，2015）。近年来，少数社会学、土地政治和地方治理的交叉研究从乡村土地利用转型视角探索集体土地再开发过程中的制度延续和转型问题（Chung，2013a；Kan，2016；Yao et al.，2020；周新年 等，2018）。总体来看，现有研究尚存在以下 3 点不足：

（1）现有研究大多数遵照西方制度经济学对土地产权、财产权利的研究范式，但是集体土地产权本身所特有的社会性和集体性特征并没有被纳入产权和制度分析的框架。

（2）现有新制度经济学视角下的研究成果并没有用实证去回答产权与制度到底是如何影响集体建设用地再开发的实施的。

（3）集体产权的社会学属性和非农化村庄的集体再分配机制对乡村土地利用转型、集体土地再开发的影响，现有研究还远远不够。

▶ 1.3 研究内容

本书选取珠三角典型的半城市化地区，将产权的经济维度与社会维度联系起来，运用新制度经济学的产权理论和制度变迁理论，遵循经济社会学对集体土地产权研究的理论传统，构建产权规则建构的理论分析框架，探究三旧改造政策背景下珠三角存量集体建设用地再开发过程的现实困境及深层次原因，响应半城市化地区村镇工业用地整理和再开发的治理创新需求。研究主要聚焦以下3个问题：

（1）集体土地产权的经济、社会、认知属性和内嵌在集体社区内部的"乡村集体性"对非农化村庄集体土地利用转型产生了哪些影响。

（2）三旧改造政策的产权制度供给推动集体建设用地再开发的机制是怎样的，改造项目的产权重构和利益分配特征如何。

（3）集体建设用地再开发的多维产权运作规则建构影响再开发实施的机制是怎样的，如何通过产权规则的完善优化存量集体建设用地的空间治理。

本研究的主要内容包括以下4个部分：

（1）构建集体建设用地再开发的理论分析框架。在土地集体所有制和土地股份合作制的背景下，将集体建设用地再开发的实践置于村落集体社区运行的经济与社会场域中。基于新制度经济学的产权理论和制度变迁理论，结合经济社会学对集体土地产权的研究，凝练集体土地产权的经济社会学内涵，通过逻辑推理，构建理论分析框架，厘清在集体土地再开发过程中，政府、农村集体和市场主体的权利关系和博弈互动。

（2）剖析集体建设用地再开发的利益冲突形成机制。深刻理解我国村庄的自治性、内生性，特别是南方村庄基层治理与宗族组织之间的互动关系；从哲学人类学的"集体性"，到地理学的"乡村性"，再到社会学的"土地集体性"，通过逻辑推演，创新性地提出"乡村集体性"的理论命题，用以探讨农村集体内生的社会经济制度对集体土地利用转型的影响。深入挖掘在珠三角非农化村庄改造中利益相关者之间的"权利关系"和"偏好差异"，农村集体和村民个体之间的"委托－代理"和"选票制衡"机制，剖析政府与农村集体、农民在村庄改造中的土地利益冲突形成机制。

（3）实证解析制度转型背景下集体建设用地再开发的特征。以广州为例开展集体土地更新的实证研究，回顾21世纪以来，在城市更新土地产权制度推动下，存量集体土地更新的治理变迁。选取农村工业化的发源地番禺区，通过详实的社会经济数据和调研，展现番禺区在农村工业化演进过程中集体土地、集体经济、集体资产的特征。沿着集体土地治理转型的路径，梳理番禺区在三旧改造不同阶段下集体建设用地更新的进展、特征及对更新制度供给的响应。进一步以两个实施完毕的村级工业园改造项目为例，基于实地调研，分析集体建设用地再开发的土地产权重构模式与特征。

（4）剖析集体建设用地再开发的治理困境及政策建议。基于产权规则建构的理论分析框架，从法定产权规则、经济产权规则和社会产权规则3个层面，深入剖析集体建设用地更新面临的困境。进而从产权规则建构的视角，基于平衡经济利益分配和保障社会公共利益的目的出发，提出集体土地再开发的治理优化策略和政策建议。

▶ 1.4 核心概念界定

1.4.1 集体建设用地

本书中所指的集体建设用地特指集体经营性建设用地，包括村集体经济组织所有权土地（包括使用权为村集体的国有用地），现状或历史上主要为工业、仓储物流等用途的工业集中区块。2021年颁布的《中华人民共和国土地管理法实施条例》明确鼓励乡村重点产业和项目使用集体经营性建设用地。国土空间规划确定为工业、商业等经营性用途，且已依法办理土地所有权登记的集体经营性建设用地，土地所有权人可以通过出让、出租等方式交由单位或个人在一定年限内有偿使用。

在珠三角，集体建设用地开发的权利主体为农村集体经济组织（简称"村集体"），集体经营性建设用地主要用于发展工业、仓储、站场、市场、商铺等功能，业态以村集体（村股份经济联社和下属的经济合作社）的商铺、交易市场、工业厂房、旅馆酒楼为主。在三旧改造中，上述用途的集体建设用地统称为集体旧厂房用地。从用地形态来看，可以分为成片的村级工业园和零星的集体旧厂房用地。从土地合法性来看，可分为符合镇、村土地利用总体规划和城乡规划用途管制的合法用地及突破相关规划、没有土地产权证的非合法用地。

1.4.2　农村集体

"农村集体"是公有制经济下的一种抽象表述，不是法律语言的权利主体。"农村集体"的原型最早来源于生产队。1962 年，中共第八届中央委员会第十次全会通过了《农村人民公社工作条例修正草案》（简称"人民公社六十条"）[①]，确定了"三级所有，队为基础"的体制。队为基础的先决条件是作为农业生产基础资料的土地归生产队所有，并由生产队支配和使用。生产队是在政府行政干预下建立的农村集体经济组织。生产队的组建顾及了农村中自然形成的聚居模式和交往模式。生产队的规模没有超出村民可接受的村落的范围，村民在村落的意义上接受了生产队，生产队在村落的层面上维持了其秩序与稳定。村落的传统规范广泛地左右着生产队社员的日常交往，传统规范的功能（调节家际冲突、维持村落秩序、实现村内整合等）恰恰是生产队所需要的（张乐天，2019）。

农村集体的最小单位是村民小组（village group），即自然村。《中华人民共和国物权法》（简称《物权法》）第五十九条规定：农民集体所有的不动产和动产，属于本集体成员集体所有，土地承包方案以及将土地发包给本集体以外的单位或者个人承包等事宜应当依照法定程序经本集体成员决定……；对于集体所有的土地和自然资源，属于村农民集体所有的，由村集体经济组织或者村民委员会代表集体行使所有权；分别属于村内两个以上农民集体所有的，由村内各该集体经济组织或村民小组代表集体行使所有权。但是实际上，村民小组从未真正意义上代表集体行使所有权。人民公社解体后，原来的人民公社、生产大队、生产队相应地变更为乡、村和村民小组，为适应生产队的经济职能，又更名为经济合作社。村民小组和经济合作社两个名称同时存在，但是他们手中的土地所有权变得含混

---

① 人民公社六十条是诠释农村土地集体所有制的根本性文件。

不清。为了避免引发大规模社会冲突，政府在制定法规时有意模糊了"集体"这一概念；全国范围的集体土地登记工作也没有登记到自然村一级，自然村并未继承生产队的土地权利（何皮特，2014）[①]。村民小组并不是一个村庄自治单元（具有村民委员会的行政村是），其数量和成员也存在经常的变动。

在现实语境中，农村集体通常指代农村集体经济组织。农村集体经济组织，产生于20世纪50年代初的农业合作化运动。它是为实行社会主义公有制改造，在自然乡村范围内，由农民自愿联合，将其各自所有的生产资料（土地、较大型农具、耕畜）投入集体所有，由集体组织农业生产经营，农民进行集体劳动，各尽所能，按劳分配的农业社会主义经济组织。农村集体经济组织以土地为根，以土地等财产的集体所有为本（罗猛，2005）。农村集体经济组织既不同于企业法人，又不同于社会团体，也不同于行政机关，有其独特的政治性质和法律性质。农村集体经济组织是以社会主义公有制为基础的经济组织，是具有民事权利能力和民事行为能力的民事主体。2012年修订的《中华人民共和国农业法》规定"农村集体经济组织应当在家庭承包经营的基础上，依法管理集体资产，为其成员提供生产、技术、信息等服务，组织合理开发、利用集体资源，壮大经济实力"，明确了农村集体经济组织的集体所有制经济职能。村集体作为一个独立的"法人组织"，与地方政府之间并不存在计划体制下的权力依附或资源依赖关系。部分城市在撤村改制过程中，村集体经济组织成立下属的股份制企业，村集体兼具"村庄自治"与"企业经营"的职能，集体经济组织在一定程度上是具有谋利性质的乡村经济主体（李怀，2010）。

1987年广州市开始农村股份合作制改革，社区型股份合作社通过集体财产的折股量化、土地使用权入股和村民的现金入股，村民成为经济共同体的股东；股份合作社独立经营，具有法人产权的特点。到1994年底，广州市全市完成股份合作经济组织组建工作的村共489个，已占行政村总数的38%（广州年鉴，

[①] 生产队是在政府行政干预下建立的农村集体经济组织，生产队的土地所有权缺乏法律依据。生产队在遇到土地调整、土地占有等问题时，不可能利用法律来保护土地所有权。生产队通常只得服从公社、大队的行政命令。不仅如此，生产队甚至没有土地使用权（人民公社六十条所说的"经营权"）和收益分配权。

2014）。在广州市的大部分农村地区，村民小组的实体组织是合作社。合作社有自己的公章和财务管理机构，目前仍然是村民土地承包、福利分配等方面的基本经济单位（陈风波，2010）。在社区股份合作制下，村集体成员的股权来源于其村集体成员身份，股权的分配、管理和分红限制在村庄内部，具有极高的社区福利性。

1.4.3　集体土地开发权

土地开发权，又称土地发展权（land development rights），指在土地上进行发展（开发）的权利，用于改变土地用途或提高土地利用强度，是一种可以和土地所有权分离反映在土地动态使用中权益增量的财产权。土地开发权产生于国家管制权对土地开发利用的限制，如公法中的土地规划、分区、用途管制等权力。土地开发权的制度初衷，就是政府为了贯彻土地利用规划，而对土地开发增益分配进行干预，以平衡并重构土地利益结构（陈柏峰，2012）。在我国，国家是城乡建设用地开发权事实上的拥有者，中央政府是土地开发权配置与管理的最高主体（林坚 等，2014）。

2019 年，在《中华人民共和国土地管理法》（简称《土地管理法》）修正前，集体土地只有通过土地征收转为国有土地后才能进入国有建设用地交易市场。集体建设用地的开发权归属于国家，城市政府事实上享有在法律上赋予或认可村集体土地开发的权力。国家通过建设用地指标和土地用途管制，控制着集体土地的用途和产权转变，并对农村集体土地的使用权流转做了严格的限制。陈柏锋（2012）、华生（2013）、贺雪峰（2013）等学者认为城郊土地的开发权并不是如财产权那样普惠的权利，而是因国家管制权的行使而形成的权利，其权利性质不能归私。受到集体土地农转非的指标约束、城市规划区的空间管控及市场对廉价土地／物业的强烈需求等因素的影响，农村集体自行违法开发集体土地的情况比比皆是。除了土地征收转国有以外，政府缺乏控制集体土地在农村集体内部非农化使用的管制监督能力，导致快速城市化地区的城郊集体土地处于自下而上的无序开发状态（如大规模的无证集体旧厂房、小产权房等）。

事实上，村集体土地开发权涉及的社会关系超出了土地的实际使用者本身。村集体基于地域的社会关系支撑非正式的土地开发权及其附加的经济价值。集体土地的产权属性是多维的，同时具有财产属性和社会关系属性。集体土地开发权事实上是一种"社会性契约"，即权属关系不是完全依靠法律，而是通过基层政府、村集体和村民依据其认定的公平原则互动建构而成（张磊，2018）。对于当地村民来说，集体土地是他们的私有财产，而不是生产资料。农村集体资产的产权合同是基于公平原则、生存安全原则、对社区成员的平等原则（曹正汉，2008a）制定的。由于血统传统在珠三角农村地区明显存在，加上以自然村为基础的土地股份合作社租赁经济的蓬勃发展，村民坚持集体土地是公共资产，形成了一种习惯权利。农村集体以集体所有权的形式持有土地，有利于土地的持续租赁。在国家主导的村庄改造过程中，势必会出现集体土地开发权的争夺。乡村工业化背景下农村集体土地作为工业化用途，以村集体支配权为中心、强调人人共享的产权模式，也催生了社会学界对集体土地开发权的研究（陈颀，2021）。

▶ 1.5 研究方法与框架

1.5.1 研究方法

本书的研究定位为解释性社会科学（interpretive social science）研究，采用质性研究方法，致力于解释特定的社会现象。研究主要采用了以下4种方法：文本分析和叙述、深度访谈法、问卷调查、案例研究。

1. 文本分析和叙述

通过对现有集体土地制度、集体土地使用政策的文献研究和文本描述，剖析我国集体土地的特殊属性，划分集体土地产权制度变迁的过程；对2008—2020年广州市的三旧改造（城市更新）政策进行系统分析，结合集体建设用地使用权流转制度，归纳城市更新政策的产权价值。笔者也查阅了地方志和相关史料，研究了案例地区的宗族文化和乡村治理信息。

2. 深度访谈法

2014—2018 年，笔者对广州市番禺区的 16 个乡镇 / 街道、5 个旧村庄和 5 家房地产中介公司进行了深入而广泛的调研。现场调研共开展了 3 次，现场工作包括非结构化访谈、小组讨论、参与式观察、资料信息选择和村庄案例绘制。

研究涉及的受访者包括 5 组：①广州市城市更新局、番禺区城市更新局、广州市和番禺区两级土地开发中心的部门负责人；②番禺区 16 个镇、街的城建办负责人；③ DJ 村、KT 村、LQ 村、FC 村、LX 村等 5 个村的村干部和随机选择的村民，其中，约 32 名村民接受了非正式采访；④地方官员推荐的 5 家当地房地产开发商项目经理；⑤参与广州市旧村庄、村级工业园改造规划编制的技术研究人员，包括广州市城市规划勘测设计研究院的研究人员和广东中地集团从事广州市城市更新的规划师。

3. 问卷调查

笔者曾试图通过对村民进行大规模的问卷调查了解其改造意愿与诉求。但由于三旧改造涉及村民财产隐私和村集体经济村务等敏感问题，个人立场不同，对于改造的偏好具有鲜明的主观性，村民往往以"弱者"的姿态向访谈者反映非理性的旧村改造利益诉求。在村委会干部的协助下，本研究的问卷调查仅在 5 个行政村内小范围发放了 300 份，以摸查村民对改造方式的倾向和对村社福利的依赖程度。

4. 案例研究

由于土地利益的敏感性和私密性，在行政村层面难以大范围地铺开调研。因此，研究通过典型的案例分析，以小见大，试图回答研究问题。首先收集了官方提供的改造项目文本，进行面上的改造特征分析；然后选择其中 5 个村庄作为案例深入研究，对案例所在地的镇街三旧改造相关负责人、村干部、村民进行了详细的访谈。其中 DJ 村是番禺区唯一一个已实施整村全面改造的村庄（表 1-1）。

表 1-1　对番禺区开展问卷调查的 5 个村庄

村庄	面积 / hm²	人口 / 人	村集体收入 / 万元	更新起始 年份	更新 进展	更新模式	土地规划 用途
LQ 村	9.40	11 276	1508 （2013 年）	2011	完成	拆除重建	商业中心
LX 村	13.60	11 223	1277 （2015 年）	2013	完成	微更新	渔人码头
DJ 村	15.37	1357	887 （2012 年）	2013	在建中	拆除重建	商品住房
SK 村	6.29	3542	797 （2012 年）	2016	更新规划 编制中	微更新	文化旅游
FC 村	93.25	27 248	3144 （2017 年）	2019	更新规划 编制中	拆除重建	商品住房

来源：番禺区城市更新局，广州市人民政府和番禺区人民政府。

注：常住人口为 2017 年数据，集体收入数据收集自 2013 年番禺区农村普查数据等资料。

村庄改造涉及集体经济事务，为规避村内敏感信息被透露，本书中涉及的村庄名称以英文字母代替。本书涉及的集体经济和社区基础数据仅作为学术研究使用，对村集体内部经济社会事务不作评价，切勿对号入座。

1.5.2　研究框架

除导论外，本书包括 3 个部分（图 1-1）。

第一部分为理论研究篇，包括第 2~3 章。重点梳理新制度经济学和经济社会学对集体土地产权研究的学术史，从产权界定、制度变迁和乡村治理 3 个视角分析珠三角集体建设用地再开发的已有研究成果，建立起产权规则建构的理论分析框架。进而从我国乡村的自治性和集体性特征出发，从哲学人类学的"乡村集体性"视角剖析集体土地再开发过程中的权力关系和产权认知冲突，揭示"乡村集体性"延续对非农化乡村土地利用转型的影响。

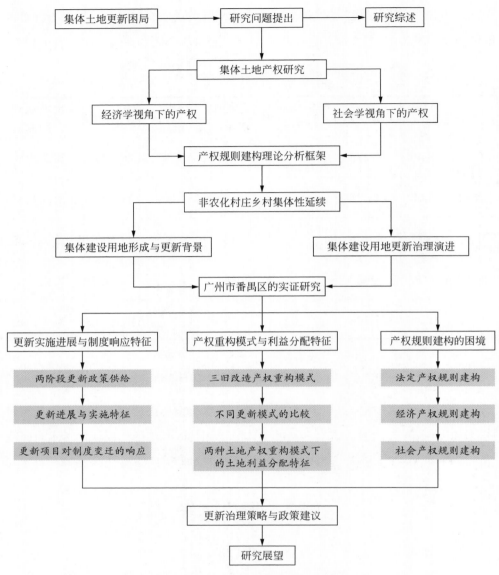

图 1-1　本书研究框架图

第二部分为实证研究篇，包括第 4~7 章。首先，回顾了广州市自 2000 年以来，以村级工业园为主体的集体建设用地更新治理模式的演变过程，揭示了集体建设用地从非正式更新到正式更新的转型背后蕴含的治理模式转变逻辑。其次，引入实证研究地区——广州市番禺区，系统分析了番禺区农村工业化后形成的存量集体建设用地的规模结构特征、空间分布特征、土地使用特征和集体经济特征，揭开了农村工业化后面临的城乡土地指标冲突和空间争夺问题。进而从产权激励视角比较了三旧改造两个阶段的产权制度供给特征。再次梳理了番禺区 2008—2017 年集体建设用地再开发的实施进展，从土地使用、改造动力和空间分布 3 方面分析了 31 个集体旧厂房、村级工业园再开发项目的实施特征，检讨三旧改造实践对集体土地再开发产权制度的响应。最后，根据土地产权处置方式和改造主体的不同，将集体建设用地再开发分为 4 种不同的更新模式；比较了 4 种模式在改造主体、资金投入、产权变更、土地租金收益分配、实施难度等方面的差异性；以两个典型村级工业园（集体物业）改造项目为例，从"成本 – 收益"视角分析了各方利益主体在更新实施中的土地收益分配特征。

第三部分为机制解释篇，包括第 8 章、第 9 章。在番禺区三旧改造实证研究基础上，从法定产权规则、经济产权规则和社会产权规则 3 方面剖析了集体建设用地再开发在产权制度供给、改造成本收益和村庄社区转型 3 方面的困境，进而总结了集体土地再开发的产权规则建构机制。接着提出了集体建设用地更新的治理优化策略与实施政策建议，并对集体建设用地再开发提出了 3 点研究展望。

第 1 篇

理论研究

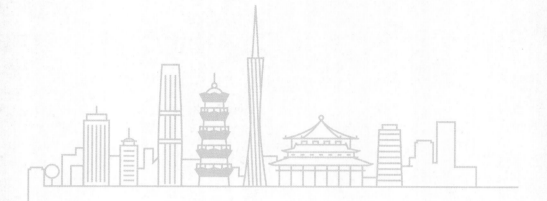

第 2 章
研究综述与理论分析框架

　　围绕集体土地的产权研究一直以来存在西方产权经济学和社会学研究两种研究范式：以新制度经济学为代表的产权研究将产权作为一束可以分解的财产权利；社会学研究则强调集体土地产权的社会性、集体性和本土性。本章首先深入剖析了两种产权研究范式的内涵，进而提出集体土地产权的二重性特征。在特殊的集体所有制背景下，集体土地的法定产权与认知产权存在持续的冲突，这种产权冲突在转型的市场经济环境下不断推动着集体建设用地产权制度的变迁；接着本章从产权界定、制度变迁和乡村治理 3 个方面对珠三角集体建设用地再开发的已有研究进行梳理归纳。最后，基于已有研究提出了集体建设用地再开发的产权规则建构分析框架，并对政府、农村集体和市场主体在产权规则建构中的角色进行剖析。

▶ 2.1 产权和集体土地产权

2.1.1 土地产权研究的经济和社会视角

1. 新制度经济学视角下的土地产权与产权界定

1）产权的特征

产权理论是新制度经济学研究的核心理论和基石，科斯（Coase）的两篇经典论文《企业的性质》（1937）、《社会成本问题》（1960）开创了西方产权经济学理论。与马克思产权观偏重产权"所有制"性质不同的是，新制度经济学产权理论更侧重所有权的权利。新制度经济学认为产权是由许多权利构成的权利束（a bundle of rights），如产权的排他性、可让渡性、可分割性等，权利束的排列与组合决定了产权的性质及其结构。德姆赛茨（Demsetz，1967）认为，在所有权制度安排中，最重要的是经济资源的排他性收益权和转让权。张五常（2000）认为产权是私人谋取自我利益的社会性制度约束。产权的收益权、处置权和支配权是产权权利束中最重要的权利。如果权利所有者对他所拥有的权利有排他的使用权、收入的独享权和自由的转让权，就称他所拥有的产权是完整的；产权残缺指由于国家对产权的干预，在完整的所有权利束中一些私有权的删除；产权的排他性和可让渡性这两项权能残缺对经济和产权主体的影响最为深刻。

巴泽尔（Barzel，1989）认为产权具有经济权利（economic rights）和法律权利（legal rights）两种属性。经济权利是个人消费或交易财产的权利；法律权利是政府通过法律条例赋予个人的财产权利。法律权利会增强经济权利。事实上，经济学对产权的理解更多是将其视为一种财产权利。布罗姆利（Bromley，1998）强调了产权的财产体制（property regime），强调财产关系是镶嵌在社会制度中的。

2）产权的界定

产权作为一种制度装置，对于经济行为具有激励和约束作用（Demsetz，1967）。明晰的产权界定可以减少不确定性，有利于使外部性问题内部化、避免出现"搭便车"问题，促进资源的优化配置（Furubotn et al.，1974）。阿尔钦（Alchian，1977）认为一个社会中的稀缺资源的配置就是对使用资源权利的安排，经济学中的问题实质上是产权应如何界定与交换及应采取怎样的形式的问题。

斯蒂格勒（Stigler，1992）将科斯对产权界定的核心观点命名为"科斯定律"（Coase theorem），其主要内容为：在交易费用为 0 且允许自由交易的情况下，不管产权初始界定如何，当事人之间的谈判都会导致资源配置的帕累托最优，从而实现资源的优化配置；当交易成本大于 0 时，产权的初始安排会影响资源的最终配置，产权的清晰界定有助于降低交易成本，改进效率；当产权界定的收益小于成本时，有些重要的权利因为没被完整地界定而被置于公共领域（public domain）形成"模糊产权"，成为"经济人"竞相追逐的经济利益，造成社会资源的浪费（Barzel，1989）。由于产权交易中存在机会主义行为的可能性，完整的合约和相关合约法律制度对于合约双方履行义务、降低交易成本至关重要（Ortmann et al.，2007）。政府在产权界定中占有主导地位，阿尔钦把"政府的社会强制力量"作会产权实现的首要条件。对于东亚的发展型政府（developmental government）来说，国家不仅为产权安排和产权变革提供"游戏规则"，而且有时还会直接参与甚至干预产权安排、交易和制度变革（卢现祥，1996）。产权的界定必须考虑个体的期望值，有时个体在界定不同领域的产权时比政府有更多的信息优势（Barzel，1989）。

3）产权的实施

产权是一个社会所强制实施的选择一种经济品的使用的权利。阿尔钦（1977）认为私有产权的强度由实施它的可能性与成本来衡量，而这些又依赖于政府、非正规的社会行动及通行的伦理和道德规范。产权实施能力是产权制度安排是否有效的主要评估因素，产权制度是否公正合理、产权与传统地权规则的适应性、产权实施成本、产权的细分和界定等因素影响着产权的实施能力（张曙光，2010；刘芳 等，2012）。诺思（North）的国家理论强调了国家在产权界定和实施中的决定性作用；诺思认为国家基础结构的创立旨在界定和实施一套形成产权结构的竞争与合作的基本规则，以保证统治者租金的最大化（诺思，1981）。艾格森（Eggertsson，1990）也指出产权的实施通常由政府和个人共同完成。理性的个体不仅会努力在给定的法律规则范围内将产出最大化，同时也会去改善这些规则以争取自身的合法利益。

2. 社会学视角下的土地产权和产权的社会建构

社会学学者基于田野调研和社会实践，试图将西方经济学上的产权放置在我国特定的社会背景下重新解读，强调我国农村土地产权的本土性和集体性（林辉煌 等，2011）。社会学视角下的产权关系并非像经济学视角下那样划分明确且一经形成便相对稳定，相反它是个体行为者与其所处的社会环境不断互动的过程。社会学视角下的财产权利关系结构表现为一个动态的均衡过程（申静 等，2005）。产权社会学强调产权是对资源占有的社会认可，关注社会规则、社会认知和社会结构等对产权界定和实施的影响；一个社会的产权规则嵌入社会结构、社会关系和社会过程之中，产权并非单纯由法律或外生的规则所界定，土地产权是社会建构的产物，产权界定是不同制度和行动者因素交互影响的过程（刘世定，1998；周雪光，2005；廖炳光，2019；王庆明，2021）。产权社会学研究通过展现不同社会机制在实践过程中的意义，有效揭示了在相关法律制度尚不明晰的情况下农村土地发展权是如何配置的经验"黑箱"，弥补了主流产权理论的不足（陈颀，2021）。

不同于经济学对"产权是一束权利"的界定，周雪光（2005）从社会学制度学派的解释逻辑出发，提出"关系产权"的概念，强调"产权是一束关系"这一中心命题。笔者认为，产权反映了一个组织与其环境即其他组织、制度环境，或者组织内部不同群体之间稳定的交往关联。张磊（2018）基于"关系产权"的视角，将集体土地开发权作为一种缔约过程，通过规划实施过程的分析，解释了集体用地中非正规土地开发权形成和转移的机制及其背后涉及的复杂社会关系。张小军（2004）通过对福建省阳村的田野研究，构建了"象征地权"的概念来理解我国历史上的土地产权结构和社会结构。象征地权的所有者一方面是国家和村落、宗族等集体，表现为以公共名义对地权直接或隐形的所有权；另一方面是具有象征权力的地方精英、"祖先"和个人等。国家、宗族和村落等集体的象征地权过度所有是传统农村土地经营内卷化（involution）的深层原因之一。农民对集体土地长期稳定的使用权和等同于农民职业的"专属专用"性，使其带有"类所有权"的性质（申静 等，2005）。曹正汉（2008a）发现珠三角滩涂地权界定规则以民间社会认同的习俗产权为基础，以围垦投资形成的既成事实为依据，并依靠当事人自身的政治力量作为实施手段，法律在很大程度上只能起到象征性作用。折晓叶等（2005）认为社区集体产权不是一种市场合约性产权，而是一种社会合约性产权。社会性合约作为一种非正式制度和过程，它与"集体经济"政策和"共同富裕"意识形态等正式制度相互依存。"社会性合约"的存在使法定集体产权存在事前、事中和事后被反复界定的可能。村庄社区是一个由血缘、亲缘和宗缘等社会关系网络联结的熟人社会，基于熟人社会的人际关系，具有连带责任和信任感。在农村地区完整的私有产权制度缺失的情况下，非正式产权得到地方社会规范的支持，社会网络支持了非正式产权，并使其成为正式产权的一种有效的替代性选择（Nee et al.，1996）。张静（2003）发现我国农村土地使用权的界定随着政治权力和利益集团的参与而不断变化，将这种以扩大自己利益为目的的土地使用规则的不确定性，称为"利益政治秩序"。土地使用规则的改变带来权利的改变，权利的变化不仅仅是一个经济和法律过程，它更是一个社会的乃至政治的过程。

产权社会学并不把国家权力视为外在的、具有绝对优势地位的对象，而将其视为内生于社会场域中、受到社会规范约束的力量。地方政府借助其在乡村社会的权威、关系网络来达成界定产权、控制土地的目标（陈颀，2021）。农村土地权属的建构存在于国家与地方性的相互建构中，受到当地经济、习俗文化、村规民约和基层治理的影响，特别是农民对土地的认知和当地的地方文化传统的影响。农民对土地政策不是一个被动的接受者，而是"利用""改造"的建构者

（余练，2010：54）。黄鹏进（2014，2018）认为农村集体土地存在政治、经济、社会（文化）三重价值维度，不同的土地产权属性对应着不同的土地产权秩序和不同的土地产权行为及其观念。通过对杭州市萧山区某镇集体土地确权形成的地权冲突发现：农村土地产权社会建构的规则主要存在公有产权规则、家业产权规则与私有产权规则。"公有产权规则"对应的是集体土地作为一种生产资料，体现了集体公有制产权的规则要求和"社区共有"属性。集体公有制既不是一种"共有的、合作的私有产权"，也不是一种纯粹的国家所有权，它是由国家控制但由集体来承受其控制结果的一种农村社会主义制度安排（周其仁，2004）。"家业产权规则"主要受到乡村社会的"地方性知识"（如祖业观、平均占有观）对农村土地产权界定的影响，蕴含了家族（宗族）成员对土地的独占与共享观念。"私有产权规则"本质上是一种基于成员权的集体产权规则。与土地产权的多维度相似，房屋也存在法定产权（房屋产权的法律保障）、法人产权（房屋市场交易的保障）和认知产权（心理安全感折射的本体性安全）3方面产权类型（张杨波，2012）。

2.1.2 集体土地产权的二重性

由于村规民约、道德观念、价值信念、地方性知识、意识形态等非正式规则渗透到村庄日常经济社会发展中的方方面面，集体土地产权在法律属性和财产属性之外，也存在认知属性。前两个属性都可以用法定产权来概括，但后者属于认知产权。

1. 法定产权

法定产权是国家法律对集体土地明确界定的权利边界，最为权威的产权界定来自宪法对农村土地集体所有制的界定和《土地管理法》对集体土地所有权和使用权的界定。我国实行土地的社会主义公有制，即全民所有制和劳动群众集体所有制。《中华人民共和国宪法》第十条规定，农村和城市郊区的土地，除由法律规定属于国家所有的以外，属于集体所有；宅基地和自留地、自留山，也属于集体所有。与国有土地明确的土地权利界定相比，集体土地所有权是一种不稳定的制度。1988年土地管理法正式赋予了集体土地在农民集体内部非农使用的权利，集体土地的法定产权将农民对集体土地的内部使用合法化。2007年的物权法进一步明晰了农民集体所有的内涵，"农民集体所有的不动产和动产，属于本集体成员集体所有"。集体土地只能由国家出售，且不能向农村集体以外租赁（2005年以后对外租赁合法化）。

完全的法定产权指法律对人们可能发生的行为全都设定了明晰的边界，并且得到严格地实施。但是我国的集体土地所有权在法律层面从来没有清晰的论述。农村改革开放后，家庭生产承包制取代了集体生产，三级管治制度也相应地改成乡镇、行政村和自然村。土地管理法规定，农民集体所有的土地依法属于村民集体所有，集体土地的使用主体为镇、行政村、自然村三级所有。但是各个层次的集体组织各自拥有多少份额从来没有被明确定义（Cai，2003），农村土地在乡镇农民集体、村农民集体（行政村）、村民小组（自然村）、村民之间的产权分割上具有模糊性和非排他①。

由于历史上土地登记管理的高度分散和政治运动对土地产权登记的破坏，全国性的土地登记确权缺失，农村土地房产变革缺乏连续、可靠的文本记载。中央政府没有在法律上明确土地权属，造成土地权属的"有意的制度模糊"（intentional institutional ambiguity）。集体土地产权的模糊最主要在于法律没有给出自然村和村民小组对集体土地所有权的界定，其原因在于自然村并不具有保护其土地的任何实际权力。而有意的制度模糊恰好是农村土地集体所有制得以稳定的原因（Ho，2005）。集体土地由于产权不稳定，所以随时可能被政府征收，再加上土地产权残缺导致土地的信用职能缺失和国家对集体土地交易的管治缺失，这些制度约束致使集体土地难以带来高标准的开发投资（Lai et al.，2014）。

随着城市化进程的推进，大量农民实际上早已不从事农业，城市近郊的集

---

① 第三次全国国土调查结果显示，集体所有的土地90%左右属于组集体经济组织、9%左右属于村集体经济组织、1%左右属于乡镇集体经济组织。这是至今集体土地在三级中分配的统计数据。

体土地资源配置模式发生转变，集体建设用地的所有权和使用权归属的界定及合法化就非常必要。我国政治领域与法律领域的非彻底分立性，使政治力量能够绕开法律直接争取地权（曹正汉，2008a）。集体土地法定权利边界的不完全，为国家强势征收农民土地留下了空间，成为农村社会土地冲突的根源。在集体土地所有权长期搁置、模糊的情况下，土地产权及其财产权利是否稳定、收益是否持续、稀缺资源是否得到利用、土地产权发生变动时交易是否公平、结果是否能够落实、土地产权能否具有潜在的开发权利等问题成为土地使用者关注的焦点（折晓叶，2018）。

2. 认知产权

产权不仅是由国家法律，也是由人们的社会认知来界定的（刘世定，1998）。农村土地集体所有制理论上的定义与对土地所有制习惯上的理解存在很大差距，农村民间基本认为集体土地是国家赋予农民的"私产"，而非所谓的"生产资料"（朱介鸣 等，2014）。与认知产权概念相类似的是土地产权的社会认同，可以界定为农户基于自己与政府、集体和其他社会主体关于对土地占有、使用、收益和处分等权能的配置关系，建构起来的指导自身思维和产权行使的共识性心理活动（仇童伟 等，2016）。农民集体对土地产权的认知至少源于以下 4 个方面。

（1）认知产权是占有逻辑运作下的社会后果。"占有"是由社会认定的，包括法律认定、行政认定、官方意识形态认定，民间通行的普遍规范认定及特殊人际关系网络认定（刘世定，2003）。农民对土地的占有意识受国家法律、村民自身见解及宗族小共同体的自治观念影响，这些正式和非正式的规则对认知产权的形塑总是交织并存、相互推动。1953 年集体土地私有制向"三级所有，队为基础"的集体所有制转型，形成了农村集体对土地的"占有"意识。集体所有制是社会生产关系的总和，并不等同于作为财产权利的集体所有权（刘守英，2017），习惯上将所有制等同于所有权的认知加深了从事集体经济的农民对土地的"占有"逻辑。

（2）农民对土地的产权认知也受到农民的生存逻辑和安全逻辑的影响。集体土地隐含着村民最主要的一项权利——生存权。早期乡镇集体企业占用村庄农用地，无须支付货币补偿，只需要安排村民到企业就业，村民就可以接受以土地生存权换取就业权（曹正汉，2008b）。农民基于集体土地的生存权也被称为道义权利，这项权利是政府不能否认的；对生存权的诉求，也成为农民与政府讨价还价最为强硬的道义武器（申静 等，2005；曹正汉，2011）。在政府推动城市化的进程中，征用集体土地的做法给农民带来了强烈的风险与转型的不安全感（毛丹 等，2006）。为了避免拆迁，村民积极"种楼"，加密加高集体土地上的物业，从而强化他们对土地的所有事实。

（3）在宗族势力强大的珠三角，村落宗族的自治传统和人情法则也形塑着农民对土地产权的认知。宗族是一种内生性权力，来源于血缘家族，以血缘网络的自然社区作为权力作用的边界（顾媛媛 等，2017）。根据李培林（2002）对广州市 7 个城中村的调查发现，广州市城中村有着复杂的亲属和联姻关系，在经济组织产权架构的下面，存在"宗族－家族"双层社会关系网络。农村土地的使用实际上由自然村所掌握，自然村又由单个或若干姓氏的家族组成，家族势力对于农村土地资源的管理仍然发挥着潜在的作用。

（4）农民对集体土地的认知产权并不是一成不变的，认知产权受到"成本－收益"理性经济逻辑的影响。一旦农民对土地价值的认知发生改变，原先达成的产权交易方案就会被村集体打破，只有通过再次界定以达成新的共识（申静等，2005）。珠三角村集体因为土地价值变化导致的"违约行为"在集体土地租赁时常有发生，没有法律保护的租赁合同往往缺乏产权和利益保护效力。Chung（2013b）发现在广州市城中村改造中被剥夺财产的城中村村民有着强烈的地方认同感，他们凭借实际占有的土地使用权和优越的村庄区位形成了很强的谈判力以追求改造的公平。认知产权也是在土地利益的博弈中不断形塑的。村民时常利用对制度解读的多面性，援引对自己有利的话语争取利益，与基层政府展开土地权属的博弈和互动，从而加深农民对土地的私人占有（余练，2010）。

3. 法定产权与认知产权的冲突

法律虽未明确界定某一产权，但当事者的认知已预设了其控制边界，而不同当事者各自预设的边界间又出现了重叠，一旦当事者的行动进入这一认知权利边界交叠区，便会引发冲突（刘世定，1998：14）。张浩（2013）发现农民对集体土地的产权认知与国家现有政策法规不吻合；农民认为土地所有权属于国家，集体和个体同时享有土地支配权；国家有需要时可以在征求农民意见的基础上征收土地，但是在使用后应将土地归还给农民或至少在处置时征求农民意见。而事实上，国家出于公共利益对农民土地的征用具有强制性，国家出于保障农民的生存权在征地补偿过程中给予集体一定比例的"留用地"，但并无土地归还一说。相对于国家公权力，农村集体在土地产权上往往表现出"弱者"身份，村社面对诸如国家征地等对集体土地的"侵入"行为，总是试图援用一切可能的道义权利（生存权）去最大化地争取自己的利益。虽然被征地农民享有"安置权"，征地后政府有责任安排好被征地农民的生活，确保农民生活水平不因征地而降低，长远生计有保障，但是权能残缺的集体土地决定了其并不能保障农民的发展权（李实，2011）。农村集体对失地后发展权的诉求与国家征地保障的矛盾，本质上源于双方对于集体土地开发权（又称土地发展权）和开发收益认知的差异。在集体土地征地过程中，对农民土地发展权的补偿反映了政府对农民利益、公共利益和自身经济利益的综合考量，在我国大部分地区农民和村集体缺乏土地发展权补偿协商的话语权。

在建设用地指标紧缺的背景下，城郊集体土地的经济价值凸显，农民对土地的财产意识增强，政府和村集体对于土地权利边界的认知差异加剧。政府主导的城市更新往往通过土地征收转国有公开出让的方式实现土地的物权转移，将村庄非正规的土地使用转为政府控制的正规空间（governable space）。然而，农民始终认为，他们的集体土地蕴含两项不可置疑的权利——生存权与发展权，政府要拿走他们的土地，必须给予帮助他们重新获得生存和发展所需的条件（曹正汉，2011）。此外，违法使用集体土地的现象在珠三角村庄普遍存在，非合法用地的产权界定与开发权利分配成为村庄改造中村民与政府博弈的焦点。国家和农村集体对集体土地认知产权边界的划分及在此基础上的利益预期是引发利益冲突的关键因素。

集体土地法定产权与认知产权的冲突可以归纳为以下 3 种情景（图 2-1）。

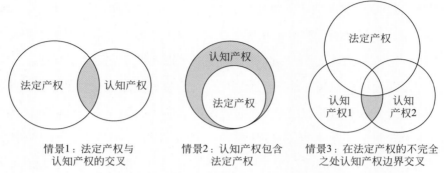

情景1：法定产权与　　　情景2：认知产权包含　　　情景3：在法定产权的不完全
认知产权的交叉　　　　　法定产权　　　　　　　　之处认知产权边界交叉

图 2-1　集体土地法定产权和认知产权冲突的 3 种情景（灰色为冲突区域）

1）情景 1：政府与集体对土地产权认知存在交叉

这种情景主要发生在政府"征地"过程及政府单方面对集体土地法定产权的调整。政府单方面的强制性土地物权变更、产权调整，农村集体往往并不承认，仍然按照其原有的认知产权行动，引发利益冲突。

2）情景 2：政府的法定产权界定滞后于集体的认知产权界定

这种情景主要发生在市场经济发达的地区，集体土地农业利用的比较效益下降，诱使掌握土地的农民集体突破法律对集体土地使用的规定，获取土地非农化的租金。而国家法律并没有及时调整集体土地的法定产权，导致非正规土地利用。

3）情景 3：农村集体内部对土地的认知产权冲突

由于村庄成员的身份差异牵涉不同程度的财产权、决策权和享有农村集体福利的权利。"外嫁女"的利益争夺、村集体成员的流动和增减都会引起村庄内部集体资产股份的再分配争议，导致要求稳定股权的村民与要求争取集体成员身份来调整股权的村民形成两个不同的利益群体（刘宪法，2010；柏兰芝，2013）。

▶ 2.2 集体建设用地的产权制度变迁

2.2.1 制度与制度变迁理论

1. 制度的特征

制度（institution）是一个社会的博弈规则，是人所创造的用以形塑人们相互交往的行为的框架，是决定人们相互关系而人为设计的制约。制度确定和限制了人们的选择集合。制度是国家所提供的社会博弈规则，基本构成包括正式的规则、非正式的约束及它们的实施特征（enforcement characteristics）（North，1990）。诺思将制度分为正式制度和非正式制度。正式制度就是由法律、行政法规和政府政策组成的一套行为约束；非正式制度相当于人们所说的习俗和惯例，也包括具有行为约束力的道德、信仰和意识形态等。舒尔茨（Schultz，1968）认为制度是一种公共品，即公共规则，是人的观念的体现和在既定利益下的公共选择，根据少数服从多数的原则而形成，具有排他性。制度具有安全功能和经济功能（规模经济和外部收益），一个稳定的社会制度的主要功用在于减少人们交往中的不确定性，增加个人效用。安全和经济是一种制度结构存在的基础（Cheung，1982；林毅夫，1994）。

威廉姆森（Williamson，1985）认为资产专用性（asset specificity）、不确定性（uncertainty）和交易频率（frequency）等因素影响交易费用，决定了最优的制度安排。威廉姆森（Williamson，2000）进一步提出了制度分析的 4 个层次，第 1 个层次为嵌入制度或社会和文化的基础，即非正式制度、习俗、传统等；第 2 个层次为基本的制度环境，即博弈的正式规则，包括产权及其分配制度；第 3 个层次为具体的制度的治理机制，治理安排的选择在任何时候都受到基本制度环境和一个国家的基本经济条件影响；第 4 个层次为短期资源分配制度，主要指经济的日常运行。制度分析从根本上是研究个人对制度规则的反应。制度是一种稀缺的公共品，正式的制度安排创新的密度和频率少于社会最优，需要国家干预、补救持续的制度供给不足（林毅夫，1994）。

2. 制度变迁与路径依赖

林毅夫（1994）认为有两种类型的制度变迁：诱致性制度变迁和强制性制度变迁。诱致性制度变迁指的是现行制度安排的变更或替代，或者是新制度安排的创造，它由个人或一群（个）人，在响应获利机会时自发倡导、组织和实行，具有营利性、自发性和渐进性的特点。与此相反，强制性制度变迁的主体是国家，由政府命令和法律引入和实行。

制度变迁取决于社会选择，深植于社会的代表现状既得利益的制度，不会立刻消失和被终止，现存制度安排下既得利益集团会竭力维持现存制度安排；除非转变到新制度安排的个人净收益超过制度变迁的费用，否则就不会发生自发的制度变迁；而从某种现行制度安排转变到另一种不同制度安排的过程，将产生极高的交易费用（林毅夫，1994）。在交易成本过高的情况下，即使有更好的制度设计，初始制度也往往难以改变，从而出现所谓的制度锁定（Arthur，1989）。从深层次来说，制度变迁是社会利益格局的重新调整，是权利和利益的转移的再分配，即权利的重新界定（卢现祥，1996）。农村土地产权制度变迁的主体是国家，地方政府作为市场经济改革的"第一行动集团"具有及时发现制度创新需求、有效配置资源、降低制度变革成本的优势（陈天宝 等，2005）。

制度变迁具有临界性、渐进性及路径依赖（marginal，incremental and path-dependent）特征。只有大多数人放弃了原来的制度安排并接受新制度安排时，制度安排才发生变换（North，1990）。只要国家的预期收益高于强制推行制度变迁的预期成本，国家就有动力采取行动和措施消除制度不平衡。非正式约束嵌存（imbedded）在社会结构之中，非正式制度变迁显示出一种比正式制度安排更难以变迁的趋势。即使有政府行动，发生这种变迁也不容易（North，1987：422）。这种非正式制度对正式制度变迁的制约作用形成制度的"路径依赖"，导致一种或某种低效率制度的自我维系。"路径依赖"在初始产权下一旦形成路径，后来者就会因为已有环境设定的"学习效应"（learning effect）、"配位效应"（coordination effect）和适应性预期（adaptive expectation）而强化已有的路径，维持既得利益集团的利益格局；制度的初设成本也将促进初始制度的自我强化（North，1990；Eggertsson，1994）。

2.2.2　集体建设用地产权制度变迁

自 1953 年以来，集体建设用地产权在国家土地制度供给和农村地方性的产权社会建构中不断演化与形塑。在珠三角，政府主导的自上而下的强制性制度变迁与农村自发的自下而上的诱致性制度变迁共同推动着土地产权制度的变迁。

1. 作为"生产资料"的集体土地产权（1953—1977 年）

1953 年合作社运动取消了农地私有制，土地集体所有制取而代之。集体所有制意味着农村集体对土地拥有用于农业生产和农民生活的所有权，而不是任何条件下的"所有"（Zhu，2016）。由于集体所有制建立在马克思主义政治经济学的理论基础之上，集体土地被视作一种生产资料而非经济资产。马克思认为产权根源于物质的生活关系，产权是所有制的法律形态，并以生产资料所有权或所有制社会形态为基础（吴易风，2007）。事实上，所有制是社会生产关系的总和，而现代意义的所有权则是多种权利组成的财产权利。集体土地作为生产资料，农村集体只享有土地的使用权，而没有所有权，集体土地自然也没有转让权和收益权，农村集体无权为自身非农经济发展而将农地转变成为建设用地，集体土地只能通过"征地"出售给国家转为建设用地，而不能出售给任何其他企业或个人（Lin et al.，2005）。

1958 年，人民公社制度的建立使农村土地所有权实现了彻底收归人民公社所有，农民对农村建设用地仅有使用权；1962 年确立了"三级所有、队为基础"的管理体制，农村集体土地由"农民所有、集体使用"发展到"集体所有、集体使用"（舒宁，2017）。作为生产资料的集体土地难以抵押融资，更难以通过入市交易获得土地潜在收益。20 世纪 80 年代以前，集体建设用地主要是宅基地、乡

（镇）村公共设施和公益事业用地及少量的社队企业。社队企业用地具有抵御农业自然灾害、支撑农民基本生活和繁荣农村经济的保障性功能。

2. 作为"非正式的集体资产"的集体土地产权（1978—2004 年）

1978 年，国务院出台《开展对外加工装配业务试行办法》，规定广东省、福建省可以实行来料加工试点，同年东莞县虎门镇创办了全国第一家"三来一补"企业——太平手袋厂，打开了珠三角利用集体土地进行农村就地工业化的序幕。随后的 10 年是珠三角"三来一补"乡镇企业发展的黄金期，集体建设用地作为非正式的经济资产被政府所默认。1988 年土地管理法规定农村集体建设用地必须转为国有土地后才能进入二级市场流转。但是，兴办乡镇企业和村民建设住宅经依法批准使用本集体经济组织农民集体所有的土地的，或者乡（镇）村公共设施和公益事业建设经依法批准使用农民集体所有的土地的除外。土地管理法正式赋予了集体土地在农民集体内部非农使用的权利。1992 年，《国务院关于发展房地产业若干问题的通知》允许农村集体经济组织以集体所有的土地资产用入股的方式，与外商联办企业和内联乡镇企业。上述两项政策赋权为农民集体规避法律"以地生财"找到了变通的途径（蒋省三 等，2005）。珠三角村集体开始在集体土地上办起工业，形成了以乡镇企业为主的集体土地开发，土地非农化的级差收益在乡镇和村集体两个层面得到内在化（刘守英 等，2012）。集体土地的资产属性日益显著，土地租赁收入逐渐成为集体经济的主要来源。集体土地所有制在我国从计划经济向市场经济过渡的时期，广泛而大规模地转移着农村剩余劳动力，集体所有制成为农村集体工业产生和发展的制度根源（裴小林，2004）。

为了降低集体土地分散开发的交易成本，土地股份合作制的建立自下而上地界定了集体土地的产权结构，用集体土地股份合作制来替代原来的农户分户承包制，促进了土地规模经营。由地方政府或集体经济组织主导的农村工业化保留了土地的集体所有权，将土地的级差收益留在集体内部。模糊的集体土地产权由于缺乏严格管制，造成了集体建设用地的无序蔓延和低效利用（Po，2008；Tian et al.，2013，田莉 等，2012）。土地股份合作制实质上是对集体所有的土地产权进行结构性重组，在村社内部解决了土地产权主体细碎的问题，实现了土地支配权、土地使用权及土地收益权的"三权分离"。这种产权制度安排以股份化的收益分配形式满足了农村社区内的多重需要及将市场风险分散化（王小映，2003）。但是，土地股份制章程中所做出的股权不得转让、继承、赠送、抵押、抽资等规定，使股份的分配具有很强的福利和再分配的性质，而作为资产经营的功能相对较弱。随着在实际运作中出现社区成员资格界定、股权设置、外嫁女等问题，土地股份合作制逐渐从封闭成员权结构向开放成员权结构转型，土地股权在村社内部实现了抵押、担保、转让等流转功能（温铁军，2010）。

3. 作为"集体正式资产"功能的集体土地产权（2005—2020 年）

进入 21 世纪，佛山市顺德区、南海区相继进行了集体建设用地使用权流转改革，推动土地在市场范围内流转。2005 年，广东省在全省范围内出台了《广东省集体建设用地使用权流转管理办法》（广东省人民政府 100 号令），允许集体建设用地使用权出让、出租、转让、转租和抵押，打破了"非经政府征地，农村土地不得合法转为非农用途"的传统旧制（杨木壮，2009）。集体建设用地虽然在地方法规层面实现了流转合法化，但是由于没有法律效力保障农村土地政策的稳定性，集体土地的产权仍然不完整。集体土地交易的相关法律和市场平台缺失，导致 2005 年的集体建设用地流转政策难以规范化实施。农民集体对政策缺乏的理性认知，加上村集体的违建处罚成本低，集体土地的违法出租行为依旧进行。2009 年，广东省在全国先行试点三旧改造，通过完善历史用地手续和简化土地确权，完善集体土地权能，正式化了集体建设用地的资产属性，将土地使用权流转合法化。

自 2013 年以来，我国深化农村土地制度改革[①]，建立城乡统一的建设用地市场，允许农村集体经营性建设用地实行与国有土地同等入市、同权同价，正式化了集体经营性建设用地（非宅基地）的土地资产属性。在符合规划和用途管制的

---

① 如《中共中央关于全面深化改革若干重大问题的决定》（2013.11）、中央城镇化工作会议（2013.12）、中央农村工作会议（2013.12）、2014 年中央一号文件《关于全面深化农村改革加快推进农业现代化的若干意见》。

前提下，允许农村集体经营性建设用地出让、租赁、入股，建立与国有土地同等入市、同权同价、流转顺畅、收益共享的入市机制。2015 年，全国人民代表大会常务委员会授权国务院在全国 33 个试点县（市、区）开展农村集体经营性建设用地使用权入市试验，实行与国有建设用地使用权同等入市、同权同价的政策。2016 年国家印发了《农村集体经营性建设用地土地增值收益调节金征收使用管理暂行办法》《农村集体经营性建设用地使用权抵押贷款管理暂行办法》，以作为 33 个试点县（市、区）集体经营性建设用地使用权入市的配套政策[①]。2019 年颁布的《中华人民共和国土地管理法》（修正案）将集体经营性建设用地与国有建设用地市场交易制度相衔接，实现同地同权，完善了集体经营性建设用地土地的法定权能。截至 2019 年 10 月底，33 个试点县（市、区）集体经营性建设用地已入市地块 12 644 宗，面积 12.5 万亩，总价款约 476.6 亿元，办理集体经营性建设用地抵押贷款 687 宗、总价款均 85.2 亿元[②]。上述土地产权制度变迁推动了集体土地的资产属性不断显化、强化，权能逐渐完善，土地用途、开发模式和产权结构在市场机制内得到优化，土地价值得到释放。表 2-1 显示了我国集体建设用地的产权制度变迁历程。

表 2-1　1953 年以来我国农村集体建设用地使用的法律和政策变迁概要

年份	制度设计
第一阶段：作为"生产资料"的集体土地产权	
1953	土地集体所有制，土地作为生产资料而非经济资产
1962	《农村人民公社工作条例修正草案》明确了"生产队范围内的土地，都归生产队所有"。集体土地"村民小组、村、乡（镇）三级所有，村民小组为基础"
第二阶段：作为"非正式的集体资产"的集体土地产权	
1988	经依法批准使用农民集体所有的土地，可用于兴办乡镇企业和村民建设住宅，或者乡（镇）村公共设施和公益事业建设

---

① 这两个暂行办法仅仅适用于 33 个试点县（市、区），执行期限为 2015 年 1 月 1 日～2017 年 12 月 31 日。在珠三角，只有佛山市南海区被纳入了试点。
② 来源：中国政府网，2020-09-08。

年份	制度设计
1992	南海土地股份合作制制度创新
1999	芜湖市作为农民集体所有建设用地使用权流转试点，先期在5个镇进行封闭试点
2002	顺德市出台《集体所有建设用地使用权流转管理暂行办法》
2003	广东省出台《关于试行农村集体建设用地使用权流转的通知》（粤府〔2003〕51号）在全省范围内试行集体建设用地使用权流转
第三阶段：作为集体正式资产功能的集体土地产权	
2005	《广东省集体建设用地使用权流转管理办法》（广东省人民政府100号令）允许集体建设用地使用权出让、出租、转让、转租和抵押
2009	广东省三旧改造政策在"补办征收手续、补办农用地转用手续、补办供地手续、分享土地出让收益、农村集体建设用地改变为国有土地及边角地、夹心地、插花地的处理"6个方面进行了集体土地再开发的制度创新
2013	《中共中央关于全面深化改革若干重大问题的决定》：在符合规划和用途管制的前提下，允许农村集体经营性建设用地出让、租赁、入股，实行与国有土地同等入市、同权同价
2014	《关于农村土地征收、集体经营性建设用地入市、宅基地制度改革试点工作的意见》提出完善农村集体经营性建设用地产权制度，赋予农村集体经营性建设用地出让、租赁、入股的权能
2015	《深化农村改革综合性实施方案》明确允许土地利用总体规划和城乡规划确定为工矿仓储、商服等经营性用途的存量农村集体建设用地，与国有建设用地享有同等权利，在符合规划、用途管制和依法取得的前提下，可以出让、租赁、入股，完善入市交易规则、服务监管制度和土地增值收益的合理分配机制
2015	在全国33个试点县（市、区），在符合规划、用途管制和依法取得的前提下，允许存量农村集体经营性建设用地使用权出让、租赁、入股，实行与国有建设用地使用权同等入市、同权同价
2016	出台《农村集体经营性建设用地土地增值收益调节金征收使用管理暂行办法》《关于印发农村集体经营性建设用地使用权抵押贷款管理暂行办法》
2019	土地管理法（修正案）建立农村集体经营性建设用地入市制度
2021	《中华人民共和国土地管理法实施条例》明确了集体经营性建设用地入市交易规则

▶ 2.3 多维视角下的集体土地再开发

2.3.1 模糊产权视角下的集体土地再开发

土地再开发本质上是既有产权的重构与空间权益的再分配，土地产权制度对于城市更新具有根本性影响（田莉 等，2015）。土地产权的确定性和完整性是土地开发的关键。由于模糊的产权和不确性的产权制度，因此土地开发权缺乏界定，土地利益流落至"公域"，导致各类"经济人"公开或暗地的土地利益争夺，引起不合时宜的机会主义式土地开发，土地使用的外部性无法内在化，土地租金消散（land rent dissipation），集体土地长期低效使用（Zhu，2016；朱介鸣，2016）。由于集体土地开发权的界定缺失，国家、村集体间以争夺和实现土地发展权为核心的"争地"行为在大城市边缘区持续发生（冷方兴 等，2017）。

集体土地产权残缺是导致其低效使用的根源。Gao et al.（2015）研究了上海市乡村地区非农用地中的闲置工业用地的管制缺位问题，发现由于乡村工业用地模糊的集体产权，我国的非农土地转用制度及土地管制责任在城乡部门间的分工差异，最终导致土地管制失效。"以农村集体组织为统筹单位，集体土地产权为主"的土地开发模式，导致珠三角非农化村庄自下而上地快速形成并发展，也是当前珠三角农村城市化量"高"、质"低"的根源（杨廉 等，2012）。张萌（2009）通过对上海市青浦区华新镇存量工业用地发展的研究发现，存量工业用地的产权、工业企业生产的连续性、存量工业企业的社区属性及农民的乡土意识与既得利益4个因素制约了乡镇存量工业用地的归并与集中。田莉等（2010）也将珠三角乡村工业点分散难以整合的原因归咎于集体土地产权的模糊性，缺乏严格管治、缺乏低成本集聚的土地制度安排和集体企业的产权问题。如果不改变产权所嵌入的社会关系，产权明晰化本身并不能从根本上改变集体土地的使用特性。非正式制度构成的行为规则（包括传统伦理、家族网络和人情信用）对土地使用起到了很大的作用（李培林，2004）。

在集体土地的产权缺陷和政府土地使用管治制度缺陷的双重作用下，集体土地违法建设行为在珠三角村庄普遍存在。由于确权成本高昂、规划不符、处在"法律不认可、但事实认可"的尴尬境地，陷入了"政府拿不走、村民用不好、市场难作为"的困境（张建荣 等，2011）。深圳市城市更新单元放宽了不合法土地的比例，将大多数非合法开发纳入改造范围①。更新项目"合法外"用地的 20% 无偿交给政府以作为违法用地参与城市更新的"确权税"；余下的 80% 可开发土地中，再拿出 15% 作为公共设施的配套用地（北京大学国家改革研究院，2014）。"20－15"准则通过缴纳"确权税"+"公共用地献出"的方式，将现状不能明确认定的土地权属关系捆绑市场和利益分享机制后，转换为清晰的土地产权关系，突破了违法集体土地权利难以认定和交换的法律空间困局。通过将土地开发权和财产权进行一定程度的分离、解构、形塑、再分配，重新整合不同利益主体之间的权益分配模式，建立共享机制并通过引入市场机制，实现主体间的利益协调（刘芳 等，2015）。

周其仁（2010）认为，集体建设用地开发的关键在于资本，吸引资本的关键在于放开集体建设用地的转让权，完善集体土地产权权能，从而实现与城市国有土地同等的经济价值。产权的对等、明晰和权利的可实现是农民权益保护和资源重新配置的基础（田光明，2011：204）。在土地产权所有权难以改变的情况下，改变土地利益结构成为集体建设用地再开发的一种策略。Lin（2015）对广州市猎德村三旧改造的研究揭示了广州市的三旧改造土地制度改革着力于利益之分配而非产权的重新划分。只有做大土地增值的蛋糕，集体土地再开发增值才能覆盖政府、原业主和投资主体的各方利益诉求。通过土地产权和利益的重构，实现土地再开发的利益共享分配。但是，房地产开发导向下的以增量开发为主导的城市更新模式难以避免地会使土地增值收益分配失衡，公共利益开发难以实施；改造区块容积率大幅提升，公共设施配套压力剧增，致使城市空间承载力的不可持续

① 截至 2014 年，深圳市降低了城市更新土地合法率的门槛，拆除重建类城市更新单元内合法土地比例达到不低于 60%，综合整治类城市更新的旧工业区合法土地比例不低于 50%，就可被纳入城市更新单元。

（刘昕，2011；田莉，2018）。珠三角集体土地再开发面临的现实困境是如何在保障现有土地利益分配格局的基础上，通过增量利益分配实现多元主体之间的利益平衡。只有建立在增量利益共赢的基础上，城市规划才能有效地介入农村非正规工业用地的更新（李慧莲，2014）。对此，袁奇峰等（2015b）提出在城市更新过程中，地方政府应搭建一个地方政府、村集体、开发商等相关利益主体参与的协商平台，通过政策供给和财政保障，促进"社会资本"的正向积累，通过重建信任取得地区的统筹开发权。

2.3.2 制度转型视角下的集体土地再开发

土地开发的制度设计决定了土地开发的利益关系，土地利益关系包括代表城市整体的公共利益和无数的个体利益。Ho（2014）指出决定土地制度实施的重要因素在于制度功能（institutional function）而不是制度形式（institutional form），并提出了"可信度"（credibility）的概念。制度的可信度是内生的、自动形成地作为一般规律的制度意识（the perception of institutions as a common rule）。土地产权制度研究应关注制度本身的性质和制度在社会行动者意识里的可信度。

我国渐进式的改革带来经济制度和土地制度的不确定性，产权在委托人和代理人之间缺乏明确的分配和清晰的定义。盈利刺激土地开发，兑现土地市场中由于产权模糊而产生的价值，也促使土地开发。自 1980 年以来，正是这个双重激励机制，成为推动我国城市开发建设的动力（朱介鸣，2001）。农村土地城市化过程中呈现的制度不确定性表现在农民土地利益和城市总体利益相互关系的不明确限定，发展型地方城市政府与事实上的土地使用者对土地租金的争夺，从而带来土地租值消散、中心城区的密实化和半城市化地区的土地利用破碎，难以形成最优的土地使用（朱介鸣，2011；Zhu，2016）。在转型中制度创造了"寻租"机会，导致土地租金流失、土地增值收益分配不合理，造成旧区高密度改造和农村非农发展空间细碎化（朱介鸣，2016）。

农村集体与政府之间的"争地"行为主要源于集体土地开发权界定的不确定（雷诚，2010；郭炎 等，2016；史懿亭 等，2017）。城乡二元土地市场和土地管理制度形成的集体土地"土地租金剩余"成为政府、农民集体与开发商竞相争夺的对象（李郇 等，2008）。对土地开发权的界定不清和缺乏产权制度保障，导致了土地所有者为了争夺土地租金收益的"掠夺式"更新，开发商和单位在再开发中就开发空间利益与政府讨价还价，开发指标突破规划控制（Zhu，2004）。大量研究表明，我国城市更新背后的动力机制是获得土地租金差（rent gap）（Yang et al.，2007；Zhu，2016）。改造后的土地租金升值受到规划管制、投资强度、区位改变等综合因素的影响。（交通）区位、产业优势、现状集体土地租金等因素是推动村级工业园土地再开发的影响因素（董瑶 等，2015，Lai et al.，2016）。

土地开发的交易成本包括信息成本和制度成本（Buitelaar，2004）。国家主导的土地制度安排致力于使地方政府降低交易成本，将集体土地转为国有土地用于城市开发，导致集体土地随时可能被征收而缺乏安全性，弱化了外界村集体自身对土地投资的激励（Lai，2014）。珠三角集体经济发展用地（即留用地）由于缺乏农转用指标及提供基础设施和公共设施的资金，村集体没有动力去合理高效地使用留用地；加之留用地的无法转让，导致村集体对留用地的低投入（Liu et al.，2012）。从广州市三旧改造政策的实施情况来看，政府自上而下主导的土地再开发制度安排推动了房地产开发导向的国有旧工业用地改造，但是集体土地再开发由于高昂的交易成本和集体主导的非正式开发路径依赖而难以推进（Tian et al.，2018）。Lai et al.（2016）通过对深圳市2004—2009年旧村庄改造的政策和实践分析发现，城乡二元制度背景下政府主导的土地征收机制、自上而下的土地使用规划机制及政府垄断的土地出让机制导致城中村更新中的土地使用规划和土地征收环节面临极高的交易成本；进而提出通过土地整理（land assembly）取代传统的土地征收（land acquisition）来实现土地再开发利益相关者的共同参与，减少交易协商成本。为了推进城中村拆迁，政府往往以突破开发容积率为代价给予村民补偿的让步，正规的土地开发创造了另外一种非正规垂直增长空间（vertical village）。在村庄改造中，政府给予村民的经济发展用地也往往成为村庄新的非正规发展空间。因此，城中村改造往往导致非正规空间的重新复制（Wu et al.，2013）。

有效的土地制度供给有助于个体投资的判断、城市发展战略的明确，最重要的是可以避免制度不确定带来的寻租和社会不公；而土地利益分配制度的不确定则促使集体组织把控旧村改造项目以最大化自身利益，导致改造失控。在存量改造中需要"事前"明确集体物业复建标准，明确住宅改造中村民的安置方式及房屋合法认定、复建的标准，以避免"事中"的讨价还价和无序博弈（郭炎 等，2016；Guo et al.，2016）。集体土地资本化过程中政府过度让利将带来社会利益流失和社会公平缺失、土地次优利用等问题（郭炎 等，2016）。

制度转型背景下，在旧制度已退出而新制度尚待建立的情况下，便会出现制度真空。由于农村地区还未真正建立起法定的土地规划管制制度，村委会和村民对于村庄土地使用配置有很大的决定权。集体土地模糊和残缺的产权，在社区股份制的合约安排下导致土地开发的负面外部性无法内化，农村集体土地的制度不确定导致半城市化地区有效的城市公共管治难以实现、公共物品稀缺（Zhu，2013）。在缺乏有效的上级政府管治下，基于土地股份合作制的村庄高度自治导致有限的土地资源被福利性农民集体组织短期寻租，拉大了本地吃租阶层与外来移民的经济差距，阻断新移民追求城市生活的路径（Zhu et al.，2015）。当前，我国对发生土地利益关系变动引起土地租金重新分配的制度设计缺失，阻碍了城市更新，特别是近郊区的农民集体在土地租金利益驱动下不愿进行更新，使地区土地租金流失（朱介鸣，2016；Zhu，2016）。

事实上，土地制度、户口制度、规划制度、地方管治和公共财政等正式制度和宗族关系、传统习俗、地方历史文化因素等非正式制度都在不同程度上对城中村改造产生影响（Chen，2012）。总之，集体建设用地再开发的实施，有赖于正式制度和非正式制度设计的供给。

2.3.3 乡村治理视角下的集体土地再开发

农村集体是由血缘、亲缘、地缘、宗族、民间信仰、乡规民约等深层社会网络联结的村落乡土社会（李培林，2012）。在珠三角，村庄结构的典型特征是聚族而居，宗族组织大多比较发达，血缘与地缘重合，空间表现与社会结构高度统一（弗里德曼 等，2000）。在农村正式产权制度缺失的框架中，宗族网络强大的村庄的信用保障降低了交易成本和组织成本，对乡镇集体企业转制后的私营企业提供了非正式庇护环境；社区集体制的工业化方式，可充分利用村落社区扩大亲缘关系网络，从而在经济上获得成功（彭玉生 等，2003）。建立在认知基础上的新的产权安排，通常总是在小范围内或是在传统信任网络中协调产生（刘世定，1998）。珠三角农村社区本地宗族文化形成的小共同体给农村带来了强大的自治能力，村庄自治的抵抗力克服了政府管制力，从而将农村工业化由潜在可能转化为现实（林永新，2015）。当国家供给公共物品能力比较弱时，集体产权将会承担更多的社会属性，为基层社会提供民生性公共需求（邓大才，2017）。20 世纪80 年代集体组织解体之后，在华南农村，为了应对村民的公共物品需求，利用民间的血缘基础重建宗族联系，宗族等非正式组织所具有的社会网络规范力会增加政府供给的正式制度的执行成本，从而降低其有效性。20 世纪 90 年代以后农村地区村民自治的发展、农村基层民主组织与宗族组织之间的互动已成为村庄治理过程中不可回避的课题（孙秀林，2011）。

随着村庄在城市化过程中转制带来的社区制的解体，宗族文化与意识逐渐衰退；宗族发展至今已然丧失了其在传统社会中的权威，不论是在对内还是对外的职能上，都进行了大量简化，只保留了祭祖等相关功能。宗族在城市社区中面临认同的危机，昔日宗族给予社区农民的安全作用已日渐式微。与传统宗族相比，当代城市宗族削弱了以往所表现出的仪式性要求，在宗族实践中，转向为功利性的团结与协作（侯功挺，2009）。依附于土地和物业资产上的利益成为族人聚集交往的重要议事。虽然非农化村庄在城市化过程中面临社区制的解体，但深植于农村社会的文化习俗、经济关系不会立刻消失和被终止；传统观念的文化土壤、都市环境的心理适应及经济利益的内在牵引导致都市宗族仍将存续（孙忠庆，2003）。蓝宇蕴（2005）将珠三角非农化村庄作为一种都市村社共同体，这种共同体中所反映出的命运攸关的利益联系扭结、特定的信任关系结构、特殊的社会关系网络、完备的"地方性"知识系统、"选择性激励"的可操作性都决定了其潜在的与实际的自主治理能力。

集体经济组织内部的运作机制也影响着集体企业的发展和集体土地开发活动。Weitzman et al.（1994）断言在农民之间有一种"协作性的文化传统"，从而在集体社区产权模糊的情况下，得以解决他们创办乡镇企业的集体行动问题。李稻葵（1995）提出了模糊产权理论（ambiguous property rights）以解释在我国从计划经济向市场经济转型过程中，乡镇集体企业快速发展的制度根源。模糊产权的所有者由于缺乏控制权，不得不为其应有的权力进行斗争与讨价还价，但同时集体企业也能在市场条件不健全的情况下很容易地从政府官员那里得到资金筹措、经营许可等行政资源的帮助。地方政府作为经济组织者和参与者，往往采取较为宽松的用地、税收等政策在农村地区积极地推广乡镇企业，并主动为其整合资源，以政府名义为村集体提供信用担保以获得银行贷款（Oi，1995）。非正式制度、社会关系也是影响乡镇企业发展的重要因素。乡镇集体企业"小共同体"其实是非正式的私有制，企业经营者通过浓厚的乡土人际关系纽带在事实上获得了产权。乡镇企业在其运行过程中，将同乡、血亲、姻亲、朋友、同学及特殊经历和生活情节而建立的联系作用于乡镇企业的资源配置，以穿越计划经济的制度障碍（秦晖，1999；刘世定，1995）。

　　旧村改造不单受到土地产权、土地租金剩余、土地制度等外在因素的制约，更受到村集体组织运作的内在约束。在集体组织内部，经联社、经济社和村民是集体土地开发的3个参与者，因各自不同的利益诉求，在经营管理、分配机制、决策权力3个方面展开相互博弈，使集体组织主导的集体土地开发变成追求多重效用最大化以平衡各方利益诉求；旧村庄"内卷化"发展；村集体经济陷入"有增长、无发展"的困境。集体土地在村民把持下，改造无法实施，低效土地也无法得到最优开发（袁奇峰 等，2015a）。郭炎等（2016）以南海为例剖析了村庄治理和内部产权结构是如何导致大量低效的存量集体建设用地的。村庄小尺度的用地开发和福利型的村社体制的共同作用使农村建设用地陷入了低效的扩张。土地股份合作社的治理缺陷具体表现为"搭便车问题（free-rider problem）""视界疑难问题（horizon problem）"和"组织控制问题（organizational control problem）"，进而使集体成员具有短视心态，倾向于从集体索取个人利益而不是为集体投资以获得长远的更大收益。封闭守成、厌恶风险的集体经营模式，导致集体土地使用陷入低投入与低收益的恶性循环。股份合作社的产权缺陷和村庄个体偏好、短视化的资产运作机制导致集体土地使用的低效锁定状态（郭炎 等，2016；杨廉，2010）。

2.3.4 小　　结

经济学和社会学对集体土地产权的研究就像一枚硬币的两面，具有各自的特点又不失共性。虽然经济学和社会学都意识到正式制度和非正式制度对土地产权变迁的影响，都认可产权的法律属性、财产属性和社会属性，但是不同学科范式下的研究由于研究问题和解决问题的方法思路不一，缺乏共同的学术语境与理论框架[①]。无论产权是"一束权利"还是"一束关系"，产权都界定了人们在物品使用上的关系。（产权安排是一系列用来确定每个人相对于稀缺资源使用时的地位、经济和社会关系）（Furubotn et al.，1972）。在西方新制度经济学视野下，产权主要有追求效率最大化的经济属性及保障权利的政治属性（邓大才，2017）。脱胎于马克思政治经济学的集体所有制，孕育了不同于西方制度经济学的集体所有权。集体土地产权的特殊性体现在集体地权的"集体性"和"社会性"。集体建设用地的开发与再开发不仅仅是土地财产权利的交易运作，也是"农村集体与个人"对土地认知产权的建构过程。

无论是在珠三角早期的政府对集体农地的征收过程，还是建设用地指标约束背景下的城乡更新过程，政府和农村土地利益冲突的根源都是集体土地的法定产权和认知产权的产权冲突。现有研究重点关注了三旧改造中的制度设计与经济产权重构过程，但是忽视了从集体土地的产权属性去追寻三旧改造产权重构困境的本源。集体建设用地的再开发研究需要将产权的经济维度与社会维度联系起来，更好地剖析制度转型背景下的集体土地开发的深层次处境。

---

① 范式指在特定领域中相关研究者遵循研究假设、程序和结果形成科学活动的共同模式；范式接近"科学共同体"一词，共同体中的成员具有共同的基本理念，具有公认的研究问题和解决问题的方法，从而使科学研究能够通过理论体系和经验材料的积累沉淀而不断发展（库恩，1962）。

► 2.4 集体土地再开发的理论分析框架：产权规则建构

从土地产权经济和社会维度统一的视角，基于新制度经济学和我国经济社会学对土地产权的理论研究传统，结合制度变迁理论，建立起集体建设用地再开发的"产权规则建构"分析框架。

2.4.1 集体土地再开发的产权规则建构

1. 产权规则建构的生成

1）经济社会学中的行动和社会建构

经济社会学萌芽于19世纪，德国社会学家韦伯（Max Weber）是经济社会学的重要创始人之一。韦伯认为，经济社会学研究的对象是"社会的经济行动"，这些行动是以其他行动者的行为为目的的经济行动。经济理论中所分析的经济行动受到物质利益的驱动，唯一的目的在于获得以物品形式 / 服务形式的效用；行动者的行为不是必然地以其他行动者的行为为目的。在社会学中，行动者既受到物质利益和精神利益的驱动，也受到情绪和传统的驱动。为了产生效用，其他行动者的行为通常在考虑范围内（图 2-2）。社会行动可以由工具理性、价值理性、情绪理性和传统理性四种方式来定位（韦伯，1998）。格兰诺维特（Granovetter，1985）开创了新经济社会学，他指出新制度经济学往往将经济交易抽离于社会关系而忽略了互信和期望的形成、规范地缔造和履行对经济活动的重要性。他开创性地提出了经济行动和社会结构的"嵌入性"问题（embeddedness）。经济现象是嵌入社会结构之中的，社会结构就是一种网络。社会结构牵涉个人之间、角色之间、群体之间、组织之间等多种层次的社会单位之间的关系模式。格兰诺维特认为经济行动是社会行动的一种形式，经济生活依赖于社会网络而运行，经济制度是一种社会建构；而社会关系不是制度安排或泛化的道德，是在经济生活中产生信任的主要原因。

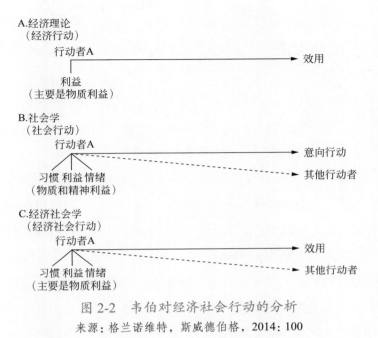

图 2-2　韦伯对经济社会行动的分析

来源：格兰诺维特，斯威德伯格，2014：100

经济社会学以社会性的行为为基础，联系社会环境条件，通过群体行动，理解社会系统现象（刘世定 等，2018）。经济社会学对行动的经典讨论为本研究解释集体建设用地更新行为提供了启发。集体土地再开发既是一种土地利益重构的经济行为，同时也是包含经济利益和社会关系双重建构的社会行动。近 20 余年的农村工业化历程形成了集体土地租赁经济与农村社区发展共荣的内嵌关系；宗缘 - 血缘构成的社会网络、村社精英和集体产业园区企业业主构成的生产发展网络，为集体经济发展提供了一个"社会化"的环境。国家权利虽然"抽离"于地方性的集体土地再开发事务，但是在制度供给层面始终"在场"。集体土地再开发需要考虑土地经济行为背后国家、地方政府和农村社区对产权的社会建构。

2）从社会建构到产权规则建构

在人文社会科学领域，社会建构论（social constructivism）构成了社会学方法论中的重要范式之一，其主要来自现象社会学。最早在学术意义上使用"社会建构"的是美国社会学家彼得·伯格（Peter Berger）和托马斯·乐格曼（Thomas Luckmann）。二人在 1966 年出版的《社会实体的建构：知识社会学纲领》（The social construction of reality: a treatise in the sociology of knowledge）一书中，提出了人类通过自己的实践创造和维持社会现实的观点，社会具有客观的事实及主观意义的双元特质。制度不是客观的，而是缓慢的、社会的创造。随后，社会建构概念在社会学等学科得到广泛传播。社会建构论者主张：一切社会存在物都是人类建构的，是社会构造物，具有社会属性。建构论强调知识构成的社会基础，故人们通常将此观点称为知识的"社会建构论"（林聚任，2016）。

建构论所主张的认识论偏重主体一极，通过对社会科学或人文科学中以客体为起点的再现主义认识论加以反思和超越，把认识论中的主体视角和能动性提升到重要位置；建构论赋予了定性社会研究以新的规则和方法，使定性研究更加具有平常性、批判性和跨学科性等特点（陆益龙，2009）。社会建构论普遍认为社会现实是社会建构的，建构的主体是社会性的；建构的过程不仅仅是一个心理活动，更是一个社会性活动，其中包括合作、争论、妥协等；社会建构论主张从过程的、动态的角度看待社会现实，认为处于不断变化中的社会事实基本上是人们依照客观事实经由特定过程建构出来的，是相关的社会群体互动和协商的结果（洪长安，2011）。建构主义作为过程展现的社会问题的研究弥补了实证主义作为结果（事实）存在的社会问题的研究不足。

在社会学领域中，"产权的社会建构"通常研究农民行动者在社区非正式规则背景下对集体产权的界定过程，产权如何通过行动者的互动而自发地建构（曹正汉，2008b）。折晓叶（2018）认为在土地动态使用过程中存在土地产权追索行动，包括事后确认权、权利转换权、收益分配权、增量索取权等权利组成的追索权对于集体土地产权动态建构意义重大。产权的社会建构过程实质上包含了行动者之间经济权利的重构及对法律权利的认知重构。在经济学中常讲"产权安排"其实就是在讲关于经济权利的划分过程，在一个共同体里盛行的产权系统实则是一系列经济和社会的关系（申静 等，2005）。相比经济学中常用的产权重构强调产权权利束的拆分的外在"结果"，"产权的社会建构"更多地强调产权在国家制度和地方性知识互动中的内在"演进"。

陈颀（2021）认为土地产权界定存在两种不同的场域，即体制场域和社会场域。社会场域指不同主体围绕土地开发和收益分配进行互动的场域，强调社会行动逻辑。体制场域指由不同层级政府和土地行政部门进行土地规划、管理、开发事项的场域，它决定了农村土地开发的规模、空间范围、时间进程和收益分配。集体土地产权通过行政分权、地方政府隐性嵌入和社会规范机制实现不同阶段的界定（图2-3）。集体土地产权是在法理的法规政策和情理的日常生活逻辑交互作用下动态建构的，强调权利的合法性制度基础和社会关系结构基础。土地产权会因不明晰而遭遇反复界定，即便界定明晰后的产权也仍然存在被再建构的可能（折晓叶，2018）。

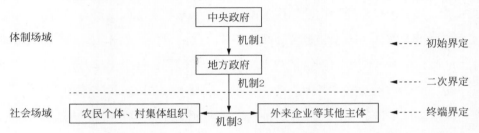

说明：机制1为以行政分权来决定地方的农地开发规模，机制2为以隐性嵌入垄断农地收益权，机制3为以社会规范机制分配剩余收益

图 2-3　体制场域和社会场域下的产权界定逻辑

来源：陈颀，2021

产权规则（property rules）是产权制度的组成部分，是影响土地资源配置绩效的重要因素。一个社会的产权规则嵌入社会结构、社会关系和社会过程之中；而土地经济问题与经济制度和地方文化又是相互嵌存的，有必要将土地再开发的经济问题置于村庄社会运行中进行研究。集体土地产权的界定与转让是国家强制性的制度设计和乡村社会内生规范秩序共同建构的过程，是政府和农民集体博弈的结果，必须遵循符合农村自治习俗和城市发展总体利益的产权规则。土地再开发产权规则的建构不能仅仅从经济维度考虑财产权利的重构，还应将集体土地的"社会性"考虑进去。

本研究对社会学领域的"产权的社会建构"概念进行扩展，将制度转型期的集体土地再开发作为一种产权规则的建构过程，以展现集体土地开发过程中产权建构的全貌。

2. 产权规则建构的三个维度

集体建设用地再开发的产权规则建构包含法定产权规则建构、经济产权规则建构和社会产权规则建构 3 个部分。

1）法定产权规则建构

法定产权规则指集体土地的所有权的界定及使用权、开发权、租赁权、转让权、收益权等土地经济权能的界定，土地征收、流转交易等规则的制定及对违法用地的确权规则制定。土地开发制度作为社会利益协调的基础性制度，由政府供给主导。法定产权规则建构的制度安排约束了土地从资源向资产再向资本的转化过程和程度，体现了国家和社会公共利益最大化的目标。集体土地产权制度、集体土地流转与开发制度的供给是一个持续的渐进过程，加上土地开发受到外部市场波动、产业需求偏好等各种因素的影响，政府主体和以农村集体为代表的非政府主体对制度安排的成本与收益的预期值不一样，进而存在制度供给与非政府主体的制度需求处于长期的不均衡状态。法定产权因其固有的权威性和土地产权所涉及的基本政治立场，属于稀缺品，不会频繁更改。对于城乡土地利益冲突剧烈的经济高速发展地区，由于制度供需错配和供给时滞，导致法定产权规则往往难以适应土地再开发的现实需求、难以完全覆盖土地利益相关者的认知权利边界。

2）经济产权规则建构

经济产权规则指在法定产权规则基础之上的土地再开发利益分配和调节的规则及其产生的经济成本与交易成本控制。在城市更新中，经济产权规则的建构目标在于平衡各方利益诉求，维护社会公共利益，实现政府公共治理的目标。政府主导的经济产权规则建构取决于政府的有限理性（bounded rationality）[①]，公共选择理论认为政府既是具有私利的"理性经济人"，也具有自己的动机、愿望和偏

[①] 有限理性基本可以分为三类：第一类是由于制度和市场的不确定性及信息成本、交易成本的高昂而产生的有限理性；第二类是哈耶克所强调的历史、习俗、习惯、价值观念和惯性对理性的限制；第三类是个体经过事先权衡后做出的主动退出，即选择性有限理性（卢现祥 等，2007）。

好，满足政府政治和经济利益的决策行为往往会偏离社会公共利益诉求。地方政府并不是全知全能的，对集体土地再开发的产权和利益界定规则的制定难以预见结果[①]。基于社会稳定、公平的土地再开发的利益分配方案未必获得参与者的集体认同。若村集体不认可，则意味着经济产权规则建构失效，低效土地利用空间锁定，公共利益受损，甚至出现个体利益绑架公众利益的现象。经济产权规则建构不可忽略的因素是交易成本。政府在土地再开发中所承担的经济成本越多，土地产权和使用的演进方向越趋近于政府所设定的目标（刘宪法，2010）。集体土地再开发涉及制度制定和维护成本、制度实施的协商成本和市场信息的搜寻成本。在交易成本和经济风险影响下，政府主导的经济产权规则会经常调整，或者向市场让利，或者向原业主妥协，以适应土地开发的市场变化，降低各类交易费用。

3）社会产权规则建构

在珠三角，土地开发不仅决定于政府主导的土地产权制度、土地市场制度和土地使用管制等正式制度，也受村庄自治传统、社区经济制度、农民对土地的产权认知、宗族文化、家族网络和人情信用等非正式制度影响（林永新，2015；魏成 等，2006；折晓叶，2005）。这些嵌入在村庄内部社会经济生活中的“非正式制度”就是社会产权规则。村社经济内嵌的是“集体公平主义”分配逻辑及与之相随的“村籍”制度[②]、传统伦理、家族网络和人情信用等非正式制度构成的社会网络关系；在旧村改造中，以效率为重，“土地经济效益最大化”的城市化运作逻辑往往难以获得村社的认同。血缘、亲缘、宗缘构成的村庄自治网络与土地社区股份制下的村社治理结构相互内嵌，导致集体经济与土地使用呈现非正规、自治内生的特征。社会产权的建构取决于农村集体内生社会经济制度的演化，这类

---

① 一个显著的例子就是深圳市旧村庄改造对“合法外”土地和物业的违法违建查处与补偿政策经历了多次嬗变，由于难以及时适应深度城市化土地管理的需求和房地产市场的快速升值，政策并没有得到原住民的支持或认可，历史预留问题积累错综复杂（罗罡辉 等，2013）。

② 村籍制度是一种自我保护与加强利益控制的制度，也是巩固地缘关系的制度化形式。村籍制度与一系列的工资、福利、就业、教育等优先权与优惠权相关联。村籍制度的核心是实现资源与利益的“独享”。

嵌入制度的演化存在路径依赖（Williamson，2000）。基于农民集体社会生产关系形成的村落社会产权规则的演化远远滞后于集体土地法定产权和经济产权的演化。社会产权规则的路径依赖对市场化土地产权交易制度的实施产生制约，导致低效率村社经济制度的自我维系。

在产权规则建构下，各方在各自可以承受的交易费用范围内为了达到各自的目标实施产权制度安排，以达到利益分配平衡及形成各自的认知产权。但是在交易成本约束和旧的产权制度路径依赖下，自上而下的强制性制度变迁并不会推动所有改造实施，产权规则只能撬动一部分改造实施正式更新。当外部交易成本降低，内生的非正式规则逐渐改变，正式的产权制度安排进一步演化，才能推动集体建设用地再开发持续进行。因此，产权规则建构与集体土地再开发之间存在持久的互动过程（图2-4）。

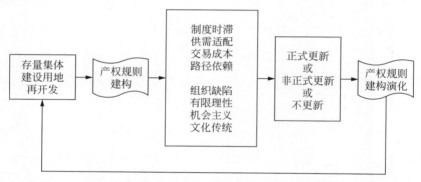

图 2-4　集体建设用地再开发的路径依赖与产权规则建构演化

2.4.2　制度转型、产权冲突与产权规则建构

在我国从城乡二元分割的土地市场到城乡统一的建设用地市场转型过程中，集体建设用地所有权和使用权的界定，开发权、收益权等主要财产权利的性质、归属、实现方式均处在不断演变的过程中。集体土地产权的残缺和土地使用制度的不确定，导致集体建设用地在地方政府默认下长期非正式低效使用。在建立城乡统一的建设用地市场、实现集体建设用地减量目标下，政府自上而下实施强制性产权制度变迁，推动集体建设用地使用逐渐纳入政府管控范围，给予其产权保

障。集体土地法定产权规则、经济产权规则和社会产权规则在政府、农村集体和市场主体之间不断建构、演化以适应土地利用方式和用途调整的需要。集体土地使用权市场化交易制度的建立是一个渐进性的制度转型过程。在行为主体的有限理性和交易成本约束等多种因素的作用下，存量集体建设用地的低效使用和租赁经济将长期共存（图 2-5）。

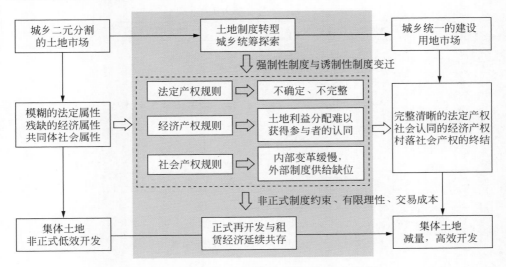

图 2-5　制度转型背景下的集体土地开发

产权冲突是产权规则建构的内在动力。随着政府通过农地征收获得城市发展建设用地的渠道快速缩窄，城市建设用地资源紧缺加剧了农村集体对集体存量建设用地的"占有"意识和资产意识，政府强制性城市化的交易成本激增。城市化过程引发了城郊土地区位增值，低效使用的集体建设用地与潜在的土地市场租金之间存在越来越大的土地租金差，集体土地的法定产权和认知产权冲突加剧。集体土地的劳动密集型产业在 2008 年全球金融危机后加快转型升级，推动集体土地再次开发以兑现土地经济租金。政府需要重新调整集体土地的法定产权规则，以缓和法定产权和认知产权的冲突，扫除存量土地再开发的历史遗留产权障碍；需要重新调整土地开发的增值收益分配格局，建构新的经济产权规则以激励土地使用者和市场资本参与改造；需要推动农村集体产权内部治理结构和非正式的社区集体经济转型，建构新的产权社会规则，使农民集体形成新的产权认知。三旧改造就在这样的背景下产生。从产权冲突到产权规则建构的过程是一个循环过程（图 2-6）。

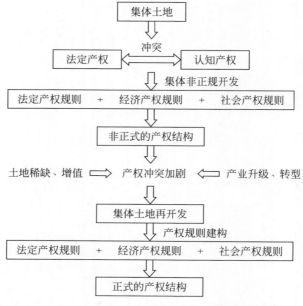

图 2-6　从产权冲突到产权规则建构的过程

2.4.3　产权规则建构中的政府、农村集体和市场主体

集体土地再开发是政府、农民集体和市场主体基于土地利益争夺形成的多边博弈过程，三者围绕土地产权规则建构的博弈决定了集体土地的权利分配格局，政府和农民集体是产权规则建构的核心（图 2-7）。土地产权规则的建构具有地方性特征，与地方政府的利益诉求和社会力量的强弱程度相关。

法定产权规则建构的主体是中央政府和省政府，体现了国家和社会公共利益最大化的目标。在城市更新过程中，国家与地方政府的关系是制度实施的"委托－代理"关系，上级政府委托地方政府实施法定产权制度，地方政府根据本地城乡发展和土地市场情况将法定产权规则转化为地方性的更新政策。地方政府通过更新制度和程序的设计调整存量土地开发权和收益分配，激励村集体和市场主体积极参与改造。社会产权规则建构则由农村集体主导，国家和地方政府通过制度供给和政策干预产生影响。基于农民集体社会生产关系形成的非正式社区经济制度、宗族文化意识和乡村治理结构的演变是一个漫长的过程。

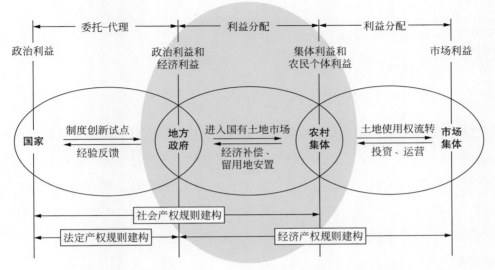

图 2-7　土地产权规则建构中的政府、农村集体和市场主体

1. 地方政府

在三旧改造中，地方政府作为理性的经济人做出的政治决策和经济决策同样追求自身利益的最大化（赵艳莉，2011）。政府制定旧改政策的出发点是考虑其长期收益（产业税收收益）与短期收益（一次性土地出让收益）的平衡、经济收益（土地出让金）与社会收益（公共利益、社会支持）的平衡。

政治层面上，在珠三角，城中村问题已成为公共领域的"显性"社会问题，以旧村庄、村级工业园为主的集体建设用地改造成为政府公共治理能力的体现，也是地方政府实施上级政府土地产权制度改革的一项政治任务（蓝宇蕴，2010；杨廉，2012）。为了在一届任期内获得政治成效，政府会选择性地确定重点改造项目，通过政策和财政支持保障改造项目的实现，政府也必须同时考虑集体建设用地再开发对城市公共品的供给，获得公众对三旧改造的支持与认可。经济层面上，集体土地再开发是地方政府缓解城市发展的空间压力、促进产业转型的当务之急。政府主导的经济产权规则建构取决于政府对土地增值收益分配的价值考量及自身利益取向，与城市发展阶段、建设用地紧缺程度、城乡产业结构等密切相关。土地再开发形成的增值收益在政府、农村集体和市场主体之间的合理分配直接影响各方改造的积极性。

2. 农村集体

在珠三角，村集体由于手中握有集体土地实际的使用权、名义上的所有权，对于建设用地增值收益具有强烈的分享诉求。村庄宗族组织（宗亲理事会、宗亲联谊会、会乡等）有着广泛的社区资源，使村集体在与地方政府、开发商的谈判中拥有极强的话语权。作为追求收益最大化的产权交易双方，农民希望在集体土地产权交易中实现经济利益最大化，而政府则总是试图以更小的成本来获取农民的土地产权。对于村集体来说，土地再开发过程中的经济权利的实现和利益分配的公平合理是产权建构的关键。由于个体的期望值不一，各村区位差异形成的期望值也存在差异，这种"公平与合理"存在于农民对产权的认知，并无固定标准。在土地价值较高的地区，农村集体更看重土地的资产价值和开发权归属；在土地价值较低的地区，农村集体更看重依附于土地之上的生存保障功能。农村集体对土地的事实上的"占有"使其在与政府争夺土地利益中占据一定的主动。

3. 市场主体

市场主体具有多样性，主要是具有法人行为能力的开发商，有时也是村集体控制的独立法人单位——"村企业集团股份有限公司"，也可以是政府下属的开发运营公司。城中村和城郊的存量集体土地占据着优质地段。对于市场主体来说，获取稀缺的优势地段土地资源、实现预期的开发利润是决定其参与改造的动力。由于集体土地经济产权残缺及转型背景下产权制度变迁的不确定性，相比国有土地，市场主体参与集体土地开发有着极高的不确定性，面临着产权风险、合约风险和经济风险。市场主体有着雄厚的资本和与农民打交道的灵活的信息网络和沟通技能，在与农村集体和政府的谈判博弈中，能够不断降低不确定性、扩大自身利益所得。为获得稀缺的存量土地，市场主体往往与农民集体结成利益联盟，通过对农民的高额补偿倒逼政府调整规划，突破规划管控，这有损城市和社会公众的公共利益，加剧社会财富分配的不公平。

产权规则建构的过程本质上是国家、农民集体和市场主体基于土地利益争夺形成的多边博弈过程。建构后的集体土地产权，结果并不一定是土地所有权发生变化。在集体土地所有权主体模糊的情形下，土地开发与经营过程中产生的权利关系变化及村落社会的变迁才是产权建构的重要关注点。非农化村庄从就地工业化向真正的城市化转变，一定程度上就是持续的产权规则建构过程。

▶ 2.5 本章小结

我国集体土地的产权孕育于马克思将土地作为生产资料的理论，它本质上是一种生产资料而非经济资产。集体建设用地作为农村社会主义的制度安排，不具备排他性和可让渡性，加上政府对集体土地法定产权有意的制度模糊，导致集体土地长期低效使用。集体土地具有社会合约性产权特征，与农村福利型社区经济、村庄自治传统、合作社产权结构、村社关系网络等非正式规则密切联系。农民对集体土地长期稳定的"占有"、基于生存权的"道义权利"和留用地制度安排使农民拥有集体土地"类所有权"和"发展权"的产权认知。快速城市化过程重新定义了城市边缘地区村庄的土地经济价值，农村工业化后的城乡土地利益冲突日益激烈。农民对土地的财产意识和城市对集体土地减量的目标发生碰撞，加剧了集体土地法定产权和认知产权的冲突。自 1953 年以来，集体建设用地产权在国家土地制度供给和农村地方性的产权社会建构中不断演化与形塑，集体土地产权经历了"生产资料—非正式的集体资产—正式的集体资产"的转变，土地权能逐渐完善，资产属性不断显化，三旧改造和集体建设用地使用权流转制度有助于推动集体建设用地市场化配置机制的建立。

产权规则建构的理论分析框架一定程度上揭示了国家体制场域和村庄社会

场域在城市化进程中对乡村土地产权的形塑机制及对存量用地资本化形式与权属分割的博弈机制；扩展了经济社会学理论在集体土地利用转型中的运用，深化了集体土地开发权在社会学领域的研究。该框架与陈颀（2021）建构的产权实践的"场域分化"概念具有一定的相通之处；不同之处在于"场域分化"突出了产权实践作为国家和地方政府自上而下的总体性体制现象，强调国家体制、地方行政、基层社会生活对于产权的共同形塑机制及不同机制的相互关联性。而产权规则建构基于珠三角的集体土地更新实践强调了农民集体对产权建构的自主性。这种自主性一方面来源于集体经济组织内部对土地的产权认知和实际把控；另一方面源于地方政府对土地空间管制的治理失效和妥协。事实上，更优的目标产权结构和产权变革的社会认可之间常常存在张力（刘世定，2008），产权规则建构的合理性有赖于利益相关方达成广泛的共识，特别是在农村集体和地方政府之间达成"公平理性"的认知。

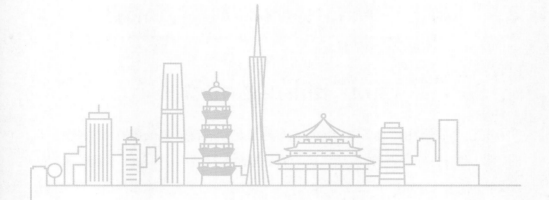

第 3 章
乡村集体性延续对集体土地利用转型的影响

　　我国传统村庄具有在经济和社会中自治的特征，在宗族小共同体的作用下，珠三角村庄对外具有天然的抗争力和向内凝聚力。人民公社时期奠定的"三级所有、队为基础"的土地集体所有制度，造就了村民对集体的认同，形成了珠三角村庄"乡村集体性"的内在根源。本章从哲学人类学的"集体性"，到地理学的"乡村性"，再到社会学的"土地集体性"，通过逻辑推演，创新性地提出了"乡村集体性"的理论命题，探讨农村集体内生的社会经济制度对集体土地利用转型的影响。

▶ 3.1 我国村庄的自治特征和乡村集体性特征

3.1.1 我国村庄的自治特征

村落是我国社会的基本结构，具有超稳定性的特征和极强的再生能力。同时，我国的村庄又是一种被视为自治的、排他的社会组织和独特的机构（Zhu，2018b；张乐天，2019）。社会学和人类学研究已阐述了我国农村社区的孤立性及其背后的文化联系。例如，美国人类学家施坚雅（Skinner，1971）描述了我国农村是由自治经济系统支持的细胞系统，交通、贸易、手工业和信贷都在空间上按照中心性原则构成，而在时间上则按照市场日的周期性构成。杜赞奇（Duara，1988）在其著作《文化、权力与国家：1900—1942 年的华北农村》中构建了我国村级社会的棱镜视角（prismatic view），阐述了市场营销、亲属关系、寺庙赞助和其他人际互动结构是如何相互重叠，形成乡村社会权力的文化纽带的。我国农村的自力更生通常与自给自足、自我管理、自我教育、自我服务联系在一起，这与农民的土地权属是分不开的（Chung，2013a）。Johnson（1993）认为我国农村集体本质上是一个企业实体，其成员合作以实现经济为目标。

在我国南方，特别是广东和福建地区，本地化血统是农村社会结构的中心特征。基于氏族（clan）和血统（lineage）的力量，村庄已经成为一个基本的自治社会经济单位，具有内向性特征，对外来者持怀疑态度（Johnson，1993；Chung et al.，2013）。我国传统乡村社会由于政府缺乏正式的问责制，农村的地方官员建立、执行他们的公共义务的非正式规则和规范依靠社区机构，如寺庙和血统团体来资助和管理村庄的公共服务，包括社会服务和基础设施（Tsai，2002）。Kan（2020）注意到了家族和宗族等社会组织对村庄土地控制和产权配置的重要影响；这些社会组织通过提供集体动员所必需的人际关系网络和主张土地正当权益份额的规范框架，在反抗政府剥夺土地的斗争中发挥了作用。

随着人民公社运动在农村陷入困境，20 世纪 80 年代开始我国实行家庭联产承包责任制，农业生产由集体为单位向家庭为单位转变。在村一级，土地所有权仍然是"集体的"，这对土地的分配和家庭使用土地的方式产生了重大影响（Brandt et al.，2002）。20世纪80年代国家鼓励乡镇企业发展，吸收农业富余劳动力，乡镇企业的发展推动了自发性的农村工业化，乡镇工业逐渐成为地方经济的支柱。由于农村工业化给农民带来了可观的财富，集体工业用地不断自发扩张以满足乡村对财富和消费品的需求（Lin，1997）。与私营企业相比，乡镇企业是一个定义模糊的合作社，是一个没有明确所有权结构的社区组织，也是一个更大的企业实体的一部分，在从地方当局获得资源方面具有优势。国营企业的升级为村庄带来了收入，并得以改善农村社会服务和基础设施（Weitzman et al.，1994；Oi，1999）。

自20世纪90年代中期以来，农村集体工业面临内外私营企业的激烈竞争，随着集体工业的衰落和消亡，城市化地区的村庄集体经济逐渐转变为依靠土地租赁的新型增长模式，土地租赁经济又一次增强了农村的自力更生水平。来自集体土地租赁或农村房屋租赁的不劳而获的出租收入成为村庄集体收入和家庭财富的主要来源。但是，新中国成立初期延续下来的自给自足和集体系统在乡村经历股份制改革、村改居和户籍更改后仍然延续。为了提高土地利用效率，土地股份合作社于1992年在珠三角南海首次出现，作为集体产权再分配的一种形式（Po，2008）。土地股份合作制改革稳固了农民对土地成员权的观念，强化了农民个人对集体的依赖性。在土地股份合作社体制下，设立了由农村精英（如村干部）管理的股份制公司，集体股份公司的建立保障了村集体成员对土地资产排他的所有权和集体投资的控制权。

土地股份制改革为普通农民提供了加强集体制度的社会主义遗产和自力更生的制度基础，以便在封闭的村庄社区内部分配土地分红和其他社会产品；在土地股份合作社的产权治理结构下，来自村庄集体控股公司的各种形式的支持接管了政府的社会责任（Chan et al.，2009；Chung，2013a；Kan，2019b）。以社区为基础的股份制公司被认为赋予了村民新的股东身份，使他们有权投票及能够获得集体利润的份额，并选举其财富的管理者（Kan，2019b）。农村的自力更生取决于集体土地所有权的保留、地方当局的治理结构及上级政府和当地社区 / 股份公司之间的谈判关系（Chung et al.，2013）。

3.1.2　集体土地产权和乡村集体性特征

"乡村集体性"的概念起源于哲学人类学。早期匈牙利马克思主义哲学家梅萨罗斯（Mészáros）在 20 世纪 70 年代首次引入了人类社区和人类集体的概念，他认为集体活动具有"自然倾向"（Griffiths et al.，2013）。美国哲学家玛格丽特·吉尔伯特（Margaret Gilbert）对人们日常的社会集体性概念进行了新颖而详细的描述，并提出"集体性"的前提是共同行动、共同承诺和多元主体（指集体）（Gilbert，1989）。与英国地理学家 Halfacree（2007）从空间、生活和聚居地三个维度对"乡村性"（rurality）属性的判断相比，乡村集体性的概念强调集体行动和承诺、农村社区经济及其相互的依存关系。在面临征地补偿或条件不利的征地威胁时，村民往往倾向于保留集体土地以作为维护自身利益的工具。

我国传统乡村内生发展机制的特殊背景是集体所有制。农村土地集体所有制建立在马克思政治经济学的理论基础之上，"集体所有"和"农村集体"是公有制经济下的一种抽象表述，体现了公有制产权的规则要求和"社区共有"属性。农村土地集体所有造就了村民的集体认同，使土地和人紧密地联系在一起，从而形成了基于土地的"集体性"（collectivity）（赵旭东，2007）。不同于"乡村性"对乡村空间与地域类型的描述，"集体性"更关注乡村内部的集体价值认同及乡村社区的经济生活与社会规则。在大规模城市化过程中，村落由封闭的共同体向开放的城市社区转型，村落共同体边界逐渐被打破，村落"集体"成员身份界定存在多重社会边界。例如，珠三角村庄集体经济股份合作组织会根据股权确权后成员的户口所在地，将股东分为社员股东和社会股东[①]。我国传统乡村对于"集

---

① 社员股东指具有本村常住在册户口的村民股东，社会股东指股权确权后将户口迁出本村常住户籍以外的股东。社会股东在股份组织中没有选举权、被选举权和表决权，只按其所持有的股份份额享受股份分红。社员股东自户口迁出本村之日起，自动变成社会股东（来源：广州市番禺区化龙镇村集体经济股份合作组织章程）。

体性"的诉求,其背后隐含着依赖于以血缘为基础的宗族关系和以地缘为基础的村落共同体两个维度(赵旭东,2007;刘玉照,2017)。近年来,国内外对乡村空间转型的研究重点关注"乡村性"(Halfacree,2007;龙花楼 等,2009;Chung,2013a),但是内嵌在乡村集体社区内部的"集体性"对乡村转型有何影响并未引起重视。

集体土地产权是研究"乡村集体性"的一个切入点。不同于经济学对"产权是一束权利"的界定,产权社会学家认为集体土地产权具有社会性、集体性和本土性(林辉煌 等,2011)。臧得顺(2012)提出集体土地是一种嵌入在社会关系之中的"关系地权","地与人的关系"本质上是基于土地的"人与人之间的关系"。农地产权在真实世界中的界定过程与产权主体的社会资本、社会关系网络(地缘、血缘、业缘网络)、乡规民约、"小传统"等地方性知识有关。集体土地产权是在法理的法规政策和情理的日常生活逻辑交互作用下动态建构的,强调权利的合法性制度基础和社会关系结构基础(折晓叶,2018)。

研究普遍认为,村庄社区属性和集体所有制度是珠三角村庄维持"乡村集体性"的内在根源。例如,Chung(2013a)发现新中国成立初期延续下来的自给自足和集体系统在乡村经历股份制改革、村改居和户籍更改后仍然延续。以股份公司形式存在的集体制度的持续,重新确立了强烈的地方依恋感,其中包括土地依赖和基于地方的发展。由于土地集体所有和村庄建制的存在,珠三角城市化地区的村庄缺乏政府公共服务供给,土地租赁经济承担了农村社区运营和发展的相关成本;加上社保、教育、就业等相关配套政策改革缓慢,导致村集体在村庄改造中不愿放弃集体经济用地或宁愿短包(Po,2012;周新年 等,2018)。集体所有制意味着乡村资源并不是由个人或其家庭所有,而是由代表村庄整体利益的村庄社区所拥有。社区集体产权作为一种社会合约性产权和非正式制度,与"集体经济"政策和"共同富裕"意识形态相互依存(折晓叶 等,2005;Yep,2015)。以广州市猎德村为例,Kan(2016)考察了社会主义集体产权制度和再分配机制如何在改革开放后时代的村庄得以延续,发现通过土地股权改革和随后的公司化,村镇作为一个集体被保留下来并得以巩固。股份制合作社和股份制公司现在是集体利益的代表，它们行使产权运作，重新分配收入，为村庄社会提供福利。

村庄集体制度延续的基础是20世纪90年代开始的土地股份合作制改革；土地股份合作制厘定了村民对集体资产的控制权和分配权，强化了社区农民对土地成员权的观念；社区性股份公司的建立为村改居的村民带来投票、获得分红收入及推选集体资产管理者等机会，保障了村集体成员对土地资产排他的所有权、对集体资产的控制权和分配权（蒋省三 等，2003；Po，2008；Chung et al.，2013；Yep，2015；郭炎 等，2016；Kan，2019a）。珠三角农村基层自治选举机制加上土地股份合作社的制度安排固化了土地租赁经济，乡村社会的再集体化使其对集体的依赖性再次被加强（刘金海，2003；李怀，2010；Yep，2015）。

▶ 3.2 集体土地再开发中的权力关系和集体性延续

土地再开发是一个空间利益再分配的过程，它不仅是土地利用的功能转型，也是利益相关者之间资本和权力的重新配置（Gao et al.，2017）。20世纪80年代市场化改革开始以来，我国的城市改造经历了从政府出资的公共住房改造到以地产开发为主导的改造的转变，这类改造主要依靠土地开发收入和资本积累的私人投资（Wu，2007）。在城乡结构调整过程中，地方政府、资本所有者、村集体和社区之间通过利益共享机制形成的正式或非正式的增长联盟逐渐出现（Yang et al.，2007；Li et al.，2018）。Buitelaar（2004）认为参与者的数量和利益冲突的程度会影响土地开发的交易成本。

集体土地再开发的主要参与者为农村集体、村民、地方政府和房地产开发商。开发商通常与土地所有者或政府结盟，通过改变土地用途和提高容积率来争夺更高的利润。集体土地再开发的利益冲突主要存在于农村集体与地方政府之间及村民个体与农村集体之间。平衡利益相关者之间的利益关系对再开发过程至关重要。"权力关系"效应和"路径依赖"效应构成的分析框架，有助于解释在集体土地再开发过程中集体所有制延续的成因（图3-1）。

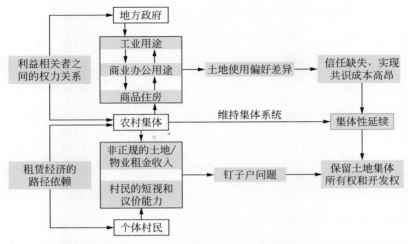

图 3-1 权力关系、租赁经济路径依赖对"乡村集体性延续"的作用机制

相关研究证实，在集体土地再开发过程中，利益相关者之间的谈判权力通常是不对称的，这与村庄区位、地方依恋和地方身份有关；地方政府的规划干预和政策支持对于更新结果有着显著的影响力（Chung，2013b；Li et al.，2011；Wu，2015）。地方政府对乡村更新的目标是多维度的，包括提升城市形象、增加土地出让收益和产业升级。总体而言，集体土地转为城市商品住房用地的租金差最大，其次为转为商业用地和办公用地。然而，根据三旧改造政策，当集体土地转换为国有土地时，农村集体将分享大部分土地出让金，而地方政府仅能获得一小部分费用，并由市和区两级政府共同分享。此外，如果三旧改造的存量土地市场释放大量土地进入市场，一级土地市场上的土地价格可能会降低，使政府收益受损（与广州市城市更新局工作人员访谈，2016 年 10 月）。此外，地方政府必须承担三旧改造中公共设施的建设成本和高密度住宅开发导致的房地产容量过剩的风险，因此，在三旧改造中地方政府并不欢迎集体土地转化为商品住房用地。

由于制造业资本可产生可持续的财税收入，从长远来看，制造业可刺激服务业的增长，因此地方政府倾向于低价甚至无偿出让工业用地以吸引制造业企业。同时，政府可能会有意收紧住宅用地供应，以保持较高的价格从而实现土地出让收入的最大化（Tao et al.，2010）。例如，深圳市政府要求工业用地面积不应低于建设用地的 30%，即 270 km²，以保持足够的土地面积用于未来的产业发展。因此，对于三旧改造项目中的土地用途转变，地方政府最优先考虑的目标是"工改工"以实现产业升级，其次是商业或办公用途，所有这些用途都可以产生税收和就业岗位。对他们最不利的土地利用是商品房的开发，因为当地政府要承担公共设施的成本和高密度住宅开发带来的房地产过剩风险。

与地方政府相比，村集体更偏好商品房开发。由于集体土地转为住宅增加的土地价值比转为商业或办公的价值增加显著，因此他们并不支持将集体土地仍然转为工业用途（2016—2018 年与村干部访谈获悉）。由于以往广州市中心城区城中村改造（如猎德村）给村民带来了财富的突然增加，当地政府不得不放松其法定密度控制（Wu et al.，2013；Lin，2015）。为了防止集体攫取土地价值增量，地方政府不鼓励村集体自行实施再开发，除非用于工业用途。集体土地所有者与地方政府的目标差异性导致两方存在更新利益的冲突。

在土地利用转型目标中，村集体与村民个体之间也存在利益冲突。由于 20世纪 80—90 年代地方政府对农村地区开发的松散管制，广州市许多村集体拥有大量非合法的商业 / 办公 / 工业地产。例如，广州市 1142 个行政村分布着 112.7 km^2 的集体工业用地，其中 66.5% 的面积属于非正规开发，24.7% 的面积在城市增长边界以外（广州市城市规划勘测设计研究院，2016）。三旧改造为集体资产正规化和资本化提供了极好的机会，村集体通常支持具有合理补偿方案的村庄再开发项目。

然而，村民个体的利益与农民集体（包括土地股份合作社）的利益并不总是一致的。1987 年颁布的《中华人民共和国村民委员会组织法》规定，村民有权通过差额选举产生村社领导（Su et al.，2018）。我国农村的村委会选举已经成为村民在当地社区事务中表达自己利益的重要渠道（Kelliher，1997）。基于社区的股份制公司为村民提供了新的股东身份，每个股份合作社成员都被允许投票，无论他所拥有的股份数量多少，这使得股份合作社的决策非常困难（Kan，2019b）。由于地理位置的不同和租金收入的差异，各村组村民对再开发的态度各不相同。例如，居住在偏远地区的村民可能比居住在较好位置的村民更有可能支持村庄改造，而后者可能宁愿维持现状，因为他们因区位优势可以从出租房屋或房产物业中获益。此外，股份合作社通常考虑长期投资，这可能会以短期分红的一定损失为代价，但是分红损失对大多数股民来说是不可接受的，村民对土地增值收益分配具有很强的议价能力（Guo et al., 2016）。在乡村重建过程中可能会出现钉子户问题和搭便车问题，这导致达成旧村改造的共识交易成本高昂，使得农村土地转型充满不确定性，且耗时较长。

此外，村庄对土地和物业租金收入的路径依赖削弱了土地所有者参与村庄再开发的动机，他们可能会因为害怕失去短期租金或承受长期的收益不确定性而拒绝放弃土地。此外，他们可能认识到土地的价值，相对于目前的土地使用状态，他们的土地对企业家来说变得更有价值，这进一步引发了拒不让出土地的钉子户问题（Cohen，1991；Strange，1995）。因此，利益相关者之间的利益冲突和路径依赖效应共同导致了珠三角农村土地转型中的集体性延续。

▶ 3.3　乡村集体性延续下集体土地开发的增值收益分配

乡村集体性延续对集体土地开发的增值收益分配产生了深远影响。在珠三角，集体土地被当地村民视为私有财产，而不仅仅是一种生产资料。在高密度城市化地区，由于国家对农村土地使用的松散管制，导致非正式土地市场繁荣，土地租金差异的隐蔽和无序竞争盛行（Zhu et al., 2009）。农村工业化极大地推高了土地股份合作社的地租，而农村的地租权利决定了土地收益和租金收入。农村集体违法建设的城中村、小产权房、集体物业导致村民成为不劳而获坐享土地升值的"食利阶层"，带来社会财富分配的极大不公。以深圳市为例，经过 1992 年和 2004 年两次城市化土地统征（转）①，实现了全市域土地的全部国有化，但是大量农村集体土地只是在名义上完成了所有权的变更，在原特区外的宝安、龙岗等地区，大量集体土地仍然由原农村集体经济组织继受单位及其成员掌控和使用。

---

① 1992 年深圳经济特区内全部土地实施"统征"（统一征为国有），2004 年深圳市决定再在原关外地区实施"统转"（即把关外全体农村集体居民转为城镇户籍人口，从而把集体土地也转为国有土地）。

根据 2009 年深圳市原农村用地调查数据，原农村社区实际掌握土地约 393 km²，占全市建设用地的 40%。由于土地产权的认知冲突和大规模法外土地开发权归属的不确定（76% 的土地不合法），土地陷入了"政府拿不走、社区用不好、市场难作为"的困境。

集体土地的使用权赋予村庄对土地增值收益分配强大的议价能力，以利于村庄获得持续的土地租金（Zhu，2018a）。在城市更新过程中，地方政府往往向村民不断妥协，以放松法定密度控制为代价，并对补偿空间的上限进行让步，以打破集体土地再开发的谈判僵局（Wu et al.，2013）。加上集体土地开发权界定缺失、土地的公权利和私权利边界模糊，集体土地再开发产生的土地增值分配成为"经济人"竞相追逐的经济利益。政府对集体建设用地开发权的界定和增值收益分配体现了对农民财产权利保障及公共利益保障的价值取向（史懿亭 等，2017）。

▶ 3.4 本章小结

通常认为争夺土地租金差或土地租金剩余是导致土地再开发的主要因素，然而乡村土地利用转型相关者之间不同的利益关系也引发了不同的更新模式。研究提出了"乡村集体性延续"（rural collectivity retention）的理论命题，构建了一个由"权力关系"效应和"路径依赖"效应构成的"集体性延续"分析框架，以解释珠三角集体土地再开发过程中集体所有制延续的成因。政府、农民集体和村民对土地用途转变偏好的差异性，导致了政府与农民集体、村民在村庄改造中的土地利益冲突，而多方要达成对更新利益分配的共识成本高昂。村集体对租赁经济的路径依赖阻碍了他们参与村庄土地再开发的积极性。集体产权的延续减缓了乡村土地用途的转型进程，强化了吃租阶层对土地的把持。基于土地股份合作制的再分配机制在珠三角非农化村庄仍然是一种有效的社会机制，深刻影响着村庄改造的实施。乡村集体性延续的制度背景，加上集体土地开发权权能法律界定的模糊，导致村庄改造过程中面临着集体土地开发权和土地再开发增值收益的争夺。

第 2 篇

实证研究

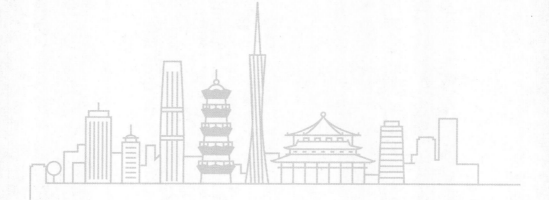

第 4 章
广州市集体建设用地再开发的治理演进

　　本章展现了广州市 21 世纪以来集体建设用地更新的治理演变。2009 年广州市实施三旧改造，集体土地开发的产权制度变迁推动了集体旧厂房用地从自下而上的非正式更新走向自上而下的正式更新。三旧改造背景下的土地产权制度变迁对更新治理模式产生了深远影响，自 2009 年以来，广州市集体建设用地更新经历了社团型、管理型和引导型治理的演变。本章从土地开发权的视角总结了集体建设用地治理背后的逻辑。

▶ 4.1 建设用地资源约束倒逼盘活存量集体建设用地

基于广州市土地利用率高、耕地后备资源不足、人地矛盾日益突出的问题，广州市土地利用总体规划（2006—2020 年）明确严格控制城乡建设用地规模，广州市规划期新增建设占用耕地需要控制在 11 109 hm² 以内，即每年仅 7.4 km² 新增建设用地指标。事实上，广州市 2006—2020 年每年平均新增的城市建设用地在 22 km²，完全超出了土地利用规划框定的指标（图 4-1）。建设用地指标的缺口促使政府通过城市更新挖掘存量集体土地的潜力。2013 年广州市逾四成建设用地供应来自"三旧"改造用地[①]，并且有逐渐增多趋势；2015 年后广州市原则上每年土地实物储备中存量用地要占到 60%，土地开发向存量发展（广州市土地开发中心访谈，2015）。

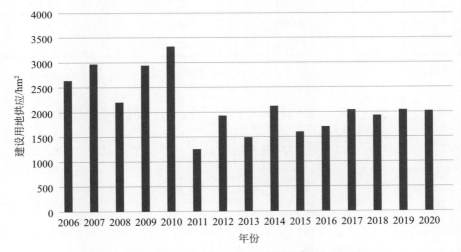

图 4-1　2006—2020 年广州市建设用地供应情况
来源：广州市建设用地供应计划. 广州市规划和自然资源局。

截至 2016 年底，广州市全市纳入"三旧"改造标图建库的存量用地面积达 585.23 km²，约为全市现状建设用地总量（1787 km²）的 1/3。广州市全市 1142 个

---

① 　来源：广州市城市更新局，广州市城市规划勘测设计研究院 . 广州市城市更新总体规划（2015—2020 年）[Z].2016.

行政村有村级工业园 2705 个，核定总面积达 131.72 km²，是 2011—2015 年全市工业用地年均供应面积（6.5 km²）的 20 多倍（广州市城市更新局，2016）。全市村级工业园产值仅占全市工业企业总产值的 10%，税收仅占全市工业企业总税收的 6%。村级工业园主要集中在白云区（536 个）、番禺区（308 个）和花都区（276 个）3 个近郊区，3 个区的村级工业园用地规模达 107.13 km²，占全市村级工业园总面积的 81.3%。盘活存量低效村级工业园用地，是广州市存量建设用地挖潜的重要途径（表 4-1）。

表 4–1　广州市各区村级工业园面积（2019 年）　　　　　　km²

行政区	核定面积	行政区	核定面积
荔湾区	2.98	番禺区	25.02
海珠区	1.78	花都区	22.21
天河区	3.00	南沙区	10.19
白云区	59.90	从化区	0.07
黄埔区	1.72	增城区	4.85

来源：广州市工业和信息化局，广州市村级工业园整治提升三年行动计划（2019—2021 年）。

▶ 4.2　腾笼换鸟背景下的非正式更新（2000—2008 年）

2009 年以前，广州市的集体旧厂房和集体物业改造总体来看处于被动和非正规的状态。2002 年，广州市旧城区启动城中村整治改造试点，在这期间，集体物业改造与旧村居一起捆绑改造，有证合法的村集体物业按 1∶1 复建进行补偿，复建物业产权性质根据村集体意愿确定。2008 年，中共广州市委办公厅广州市人民政府办公厅《关于完善"农转居"和"城中村"改造有关政策问题的意见》（穗办〔2018〕10 号）进一步规定"城中村"改造范围内集体经济发展用地上的集体厂房、商铺、仓储用房等集体物业房屋可与"城中村"一并改造，其使用功能和容积率可按所在区域控制性详细规划要求予以调整优化，不要求按原状改造。城中村改造资金筹措按照"谁受益、谁投资"的原则，以村集体和村民个人出资为主，市、区两级政府给予适当支持[①]；由于没有引入市场主体投资，加上城中村改造分散的产权主体，改造仅止步于7个试点城中村[②]。为了改善物业租金，番禺区、白云区等中心城区外围区域的部分村庄逐渐开始与开发商合作，以村出地、开发商出资的方式，对衰败的旧厂房、旧商铺进行物质性更新，由村集体或承租人根据生产需要自行实施改造、扩建，以吸引有实力的企业入驻，提高物业出租收入。

从本质上看，村集体和承租人自发的集体建设用地 / 物业的改造具有临时性的特征。这类改造不涉及产权合法化，集体土地从工业转为商业用途未补交土地出让金。没有规划部门的用地功能改变许可，村集体无法获得土地转性后的使用权证和房产证，改造后的集体物业无法办理正规的工商营业执照和消防验收，只能办理有效期为3年的《临时经营场所使用证明》。根据原广州市更新局的摸查，约有超过80%的集体旧厂房临时性改造项目与控制性详细规划（以下简称"控规"）不符，用地手续不完善的情况普遍，因此其定位只能作为中小微企业的过渡性经营场所，难以吸引规模企业落户（岑迪 等，2017）。

再者，这类自下而上的更新具有非正式的特征。集体物业承租人主要是生产性企业或个人，而不是具有融资能力的大型开发商或政府；加之承租人不能办理产权证，无法抵押房产融资建设，无法实现产权变更，承租人仅在承租期内进行简单的物质性改造以适应企业的使用需要。由于租赁业务不涉及非合法用地的合法化，不能改变集体土地的初始用途（大部分为工业用途），更新后大量土地仍然保持工业用途，仍然是基础设施配套不全的村级工业园，难以吸引高档次的工业企业入驻（图4-2）。非正式更新作为一种次优选择，适应了劳动密集型产业对低成本发展空间的需求，却无法带来土地使用优化的确定性。

[①] 具体资金过程为：村集体经济或改制后的股份制经济实体拿出一部分自有资金，村民共同集资和银行优惠贷款，所在区政府筹集部分资金，市政府提供优惠政策并承担部分市政基础设施和公共配套设施费用。

[②] 分别为三元里、石牌、搓龙、棠溪、沥滘、茶滘、笔岗7个城中村。

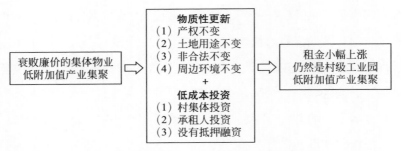

图 4-2　集体建设用地非正式更新模式

事实上，非正式更新并非意味着游离于政府管治之外的违法行为，大量土地产权不变更的非正式更新恰恰得到了政府的支持。番禺区 2008 年出台"腾笼换鸟"实施细则，对于集体旧厂房，在 1998 年前已建成、但用地手续尚未完善的村集体所有旧厂房（商铺），在符合城市发展规划和留用地规划的前提下同意其按临时建筑的规范改造，合理提高容积率；对于同时符合"土规"和"城规"，且取得指标核定书、选址意见书和镇街、村书面确认意见的村发展留用地，在完善用地手续的同时，根据产业布局专项规划，按照"宜工则工、宜商则商"的原则同意其按临时建筑的规范建设标准厂房或较高档次的第三产业物业。腾笼换鸟政策的目标在于低端产业置换，盘活存量经济、优选增量经济，扩大政府税收，调整产业结构，故得到了政府的支持[①]。非正式更新成为了村集体追逐土地租金的寻租工具，部分不符合腾笼换鸟改造条件的村集体旧厂为了提高租金收益，以发展"创意产业园"为由进行违建改造（曾文蛟，2010）。

截至 2010 年底，番禺区的非正式更新项目土地面积达到 310.76 hm²，其中 72.66 hm² 的用地与三旧改造图斑重合（图 4-3）；获得区政府实施"腾笼换鸟"政策的批复项目共计 49 个，涉及集体发展用地约 182 hm²[②]。2009 年广州市实施三旧改造政策后，集体旧厂房临时性改造随即停止审批，集体旧厂房改造一律走

[①]　如大龙街新水坑村自行筹资，于 2008 年将污染较大的旧玻璃厂厂房改造成 2.6 万 m² 的综合写字楼和标准化厂房，成功引入华创动漫、仙施化妆品、生物科技等高新技术产业；自 2008 年起，大石街植村的金科工业园对高耗能、高污染、低附加值、劳动密集型企业实施搬迁，共改建、翻新项目近 20 处，总面积达 8000 m²，共迁出不符合要求的"三高一低"企业 4 家，招商引进符合条件的新租户 5 家（来源：南村商会，2013-07-17）。

[②]　南方日报.番禺："腾笼换鸟"GDP 四年翻番，2010 年 12 月 31 日。

三旧改造正式更新的政策途径。村集体若希望自行改造，必须纳入区政府的三旧改造计划，必须符合规划管控及符合城市开发的配套标准。

图例　▨ 三旧图斑　▨ 非正式更新项目

数据来源：广州市番禺区城市更新局

图 4-3　2009 年前番禺区非正式更新项目空间分布

▶ 4.3　功能置换导向下的正式更新（2009—2020 年）

4.3.1　三旧改造的土地产权制度设计

2009 年，广州市三旧改造政策为集体旧厂房和集体物业改造提供了正式化更新的通道。三旧改造政策的核心是通过自上而下的制度创新，赋予集体土地残缺的权能，赋予农民自行开发集体土地、分享土地增值收益的权利，赋予非合法用地参与改造的出路，调动农民集体和市场主体参与改造的积极性，促进集体建设用地减量、提效。

三旧改造本质上是政府主导的自上而下的集体土地再开发行为，地方政府通过对改造方案的审批，控制改造地块的土地使用与产权变更，进而实现产业提升目标，提供公共空间和设施落地。三旧改造的目标是通过集体建设用地转国有、集体建设用地入市，促进低效的集体建设用地减量，同时消减早期城市化形成的留用地指标。在三旧改造下，政府放弃对土地一级市场和土地增值收益的垄断，完善集体土地残缺的权能，赋予农民自行开发集体土地、分享土地增值收益的权利，促使集体土地从法律边缘的非正式开发走向政府认可的正式开发，形成"地块+城市配套"的整体性改造。三旧改造方案必须符合土地利用总体规划、城乡总体规划和控制性详细规划，符合产业政策和土地供应政策，"合规"是改造的前置条件。具体来看，三旧政策在土地产权制度改革方面有以下3点制度创新。

1. 非合法用地合法化：完善历史用地手续和土地缴纳

产权清晰是实施再开发的必要条件，非合法用地需要完善历史用地手续（获得集体土地使用证）。按照三旧改造以前的法律政策，完善用地手续成本高、手续烦琐，产权不完善问题长期难以解决。三旧改造以前，非合法用地只能通过政府征收才能得到合法化利用。村集体为适应市场对物业需求的变化，往往自行改造、加建改建，加剧了土地使用违法和建筑违章。这种非正式更新一方面政府并不承认，存在被拆除的风险；另一方面，无法吸引对土地有长期固定租赁需求的企业。非合法集体建设用地只能出租给小、微、临时性生产的企业。非合法用地合法化并实施改造的途径有以下2种。

1）通过罚款和补缴土地出让金合法化

三旧政策允许发生在不同时期的"三旧"用地采取按照用地发生时的法律政策处理（处罚）[①]后完善征收手续，原业主以协议出让方式获得土地使用权。简便完善用地手续，降低了土地确权成本，扫除了后续改造的产权障碍。根据非合法用地行为发生的时间，不合法的历史用地可直接确认使用权（1987年1月1日前），或者完善集体建设用地使用权（1987年1月1日—2007年6月30日）。2009年至2015年底，广州市全市各类三旧用地完善历史用地手续申请已有148.81 km²获得批复，77.2%的历史用地保留集体权属给予确权，仅0.8 km²集体建设用地

---

① 一般按照2元/m²的标准对违法用地进行处罚。

申请完善征收手续，可见完善集体建设用地手续得到农民集体的欢迎①。违法用地确权后实施自行改造的，根据新的土地用途（一般从工业转为商业），村集体需补交土地出让金②。村集体经济组织自愿申请转为国有土地发生转让的，转让前须按规定计收土地出让金。

2）通过上缴政府部分土地合法化

非合法用地也可以通过抵扣留用地指标和向政府无偿移交部分土地从而获得合法化并参与三旧改造。政策规定有留用地指标的集体旧厂房、村级工业园升级改造项目，按照非合法旧厂房用地面积与留用地面积 2∶1 的比例抵扣留用地指标③，抵扣留用地指标后仍有剩余的旧厂房用地，或者没有可抵扣留用地指标的，须将不合法部分用地或规划建筑面积的 30% 无偿交给政府。若改造地块的潜在土地租金差不足以覆盖改造成本和利润，为推动改造而制定的实施方案形成的超过权益建筑面积部分的建筑面积，按照 4∶3∶3 的比例，由市政府、区政府、村集体进行分配（图4-4），即政府分享超额发展权的 70%，就可适度放开改造开发强度。留用地抵扣指标和向政府无偿移交的土地/建筑面积是历史违法用地合法化和实施再开发的产权"交易成本"。

完善历史用地手续的三旧用地不再补办农转用手续，无须扣减新增建设用地指标、农用地转用计划指标和建设占用耕地计划指标，不产生耕地占补平衡问题，不缴交新增建设用地有偿使用费。实质上是中央政府向地方政府适度让出一部分新增建设用地的调控事权，扩大地方政府在存量建设用地二次开发中的利益空间（陈霄，2012：52）。对历史用地手续的完善也意味着政府对农村集体租赁土地行为的认可，集体建设用地的土地租赁权能得以正式化，进而也认可了农民集体基于土地租赁权带来的收益权。

---

① 广州市城市更新综合报告，广州市城市更新局，2016.1.
② 自行改造用地按照规划新用途的基准地价，扣减已缴纳的原用途土地出让金的未使用年限部分后补交土地出让金（广州市旧厂房更新实施办法，2016）。
③ 2017 年 6 月，广州市村级工业园改造将留用地指标抵扣比例从 2015 年城市更新办法中的 2∶1 转成 1∶1。150 亩以上的村级工业园改造保留集体用地性质的，应将不低于该项目总用地面积 15% 的用地用于城市基础设施、公共服务设施或其他公益性项目建设，建成后无偿移交政府。

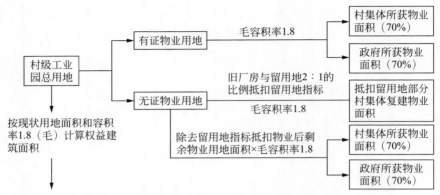

图 4-4　村级工业园先行改造的条件

2. 完善集体土地权能：集体建设用地转国有和协议出让

在集体土地已经资本化的珠三角，通过"征地"方式将农村集体土地转为政府所控的国有土地已越发困难，若要增加城市发展空间，必须跨越土地权属的障碍。在不违反土地管理法的基础上，通过"集体土地国有化转制"实现土地所有权转换，从而赋予集体土地融资、流通的权能，简化集体土地入市的审批程序，成为除了"征地国有化"之外实现城乡土地一体化管理的创新途径（李俊夫 等，2004；谭启宇 等，2006；高艳梅 等，2016）。具体途径为：村集体缴纳土地出让金及相关规费后，集体建设用地转国有并采取协议方式补办出让手续，出让给原村集体经济组织自行改造，颁发国有划拨土地使用证。这种权属变更规避了征地产生的社会冲突，由村集体自愿选择。

协议出让价格根据集体旧厂房用地是否与旧村居整体改造而异，仅为规划用途市场评估价的20%~40%[①]，大大节约了土地开发主体获得国有土地开发的成本。除了村集体经济组织，集体建设用地协议出让的对象也可以是村全资子公司或原

[①] 广州市规定对于申请转为国有土地的集体旧厂房用地，纳入旧村全面改造的，按规划用途市场评估价的 20% 缴纳土地出让金；纳入旧村微改造的，按规划用途市场评估价的 30% 缴纳土地出让金；其余的按规划用途市场评估价的 40% 缴纳土地出让金（广州市旧厂房更新实施办法，2016）。

农村集体经济组织与市场主体组成的合作企业，扩展了土地使用权的受让主体范围。村集体经济组织可将"国有化转制"后的土地申请交由政府组织公开出让，也可以自行改造用作除商品住宅开发以外的经营性开发项目，此外还能够将土地流转给其他主体实施改造。转国有协议出让便于开发主体拿土地融资，使自主改造在经济上更具可操作性。"协议出让、自行改造"保留了农民对于集体土地的开发权，赋予了集体土地转变用途和强度的发展权。

3. 土地增值收益共享：国家集体分享土地出让金

传统改造模式下，集体建设用地通过土地征收入市实现增值，原土地所有人只能得到基于土地现状用途的补偿，因城市发展和规划变更带来的土地增值收益大部分归政府和开发商所有。三旧改造改变了土地再开发过程中土地增值收益的分配格局。集体建设用地的土地出让纯收益①的 60% 专项用于支持"城中村"改造、村庄整治、村内基础设施和公益事业项目建设。剩余的土地纯收益由市、区政府按 8∶2 的比例分成。区留成部分设立专项资金，用于"城中村"整治改造及改造项目周边的市政基础设施、公共服务设施建设配套。政府获得的土地出让收益部分作为"准社会利益"用以补贴实际改造项目。2016 年以后，村级工业园融资地块以协议方式出让的，政府只按市场评估价的 20% 计收出让金，意味着村集体将获得土地转国有 80% 的土地出让收益，扩大了旧村庄改造村集体的受益范围。村集体自行改造、补交地价，打破了政府对土地增值收益的垄断。

集体物业复建总量核算原则是保障改造后的村集体经济物业租赁收入不降低。有两种方式：一种是按照"用地范围"方式核定，按照现有用地面积和毛容积率 1.8 计算权益建筑面积；另一种是按照"现有建筑面积"方式核定，集体物业合法建筑面积按 1∶1 核定复建量，非合法建筑面积按违法行为的不同时期确定复建权益面积比例②。村集体获得的集体物业复建权益建筑面积远远超出现状

---

① 土地出让纯收益指土地公开出让收入扣除土地储备成本及按规定计提、上缴的专项资金后的剩余资金。

② 2009 年 12 月 31 日前建成的无合法证明的建筑，按照现有建筑面积 2∶1 核定复建量，剩余面积可按房屋建筑成本补偿计入改造成本；2009 年 12 月 31 日后建成的违法建筑，不予核定。

建筑容量（番禺区平均容积率仅为 0.77），村集体分享了土地使用变更、土地强度提升产生的土地租金差。

对比传统的土地开发模式和三旧改造背景下的土地再开发模式，可以发现，集体土地产权交易、产权权能、开发权归属、收益分配等都发生了根本性的变化。特别是集体土地的开发权和土地增值收益，从政府垄断转向政府与村集体共享。三旧改造政策使集体土地可以不经过土地征收得以完善土地权能，在保留集体权属的情况下提升土地开发效率。通过土地权益的部分转移，模糊的非合法用地产权得以正规化（表 4-2）。

表 4-2　传统模式和三旧改造模式下的集体土地（再）开发比较

属性	传统土地开发模式	三旧改造土地再开发模式
土地产权完整性	只有通过征地才得以完整	无须征地，通过转国有赋权赋能
土地开发权和转让权	归政府，位于国有土地一级市场和二级市场	回归农民集体，位于集体建设用地市场
土地增值收益	政府垄断	土地增值收益参与者分享
土地开发模式	国有土地净地出让开发	公开出让、自行改造、流转改造、毛地开发
非合法用地	最终只有被征收	通过向政府移交、少量罚款得以合法化，实施改造

在产权制度变迁下，集体建设用地再开发存在以下特征。

（1）通过非合法用地确权正式化了集体物业的租赁关系，集体土地的租赁权得以正式化；通过土地国有化转性赋予集体土地转让权能。同时，伴随着 2011年广州市集体建设用地使用权流转政策的正式出台，集体建设用地在政府征收开发、村集体自行开发之外，流转出租 / 出让开发得到正式合法化。

（2）集体土地开发在"征地"国有化由政府主导开发之外，开辟了不改变集体产权由农村集体主导再开发的途径。通过协议出让、补交地价降低了村集体自行开发集体土地的成本和风险。农村集体对集体土地的开发权予以合法化。村集体根据集体经济能力可以自行改造，也可以通过招商的方式联合市场主体合作改造。

（3）历史违法用地已经不是改造的障碍，政府将留用地指标减量与违法用地确权相挂钩，以公共用地献出作为历史违法用地改造的条件。模糊的土地权益通过土地和物业利益在政府和集体之间分配得以清晰化。

4.3.2 三旧改造政策背景下集体建设用地更新治理转型

政治学家皮埃尔（Pierre，1999）根据参与者、方针、手段和结果等要素将城市管治模式分为管理模式（managerial model）、福利模式（welfare model）、社团模式（corporatist model）和支持增长模式（progrowth model）4个类型。为避免城市更新被房地产开发绑架，三旧改造并未转向市场力主导的支持增长模式，而是采取了引导型的治理模式。广州市集体建设用地更新经历了社团型、管理型和引导型3个更新治理阶段。

1. 鼓励自行改造的社团型治理（2009—2012年）

三旧改造初期政策重点关注对业主和市场投资的激励，采取了社团型管治，鼓励市场主体、业主参与投资改造，但是忽视了对改造效果的管治，大部分土地增值收益流向了村集体。2009年，村集体根据集体经济能力和经营能力可以自行筹资实施改造，也可以通过招商的方式联合市场主体合作改造。集体产业用地改造项目可采用保留集体产权的流转改造模式（流转出租或出让）实现改造，也可纳入收储转为国有。相比"腾笼换鸟"，这一时期的更新本质上是政府主导的自上而下的再开发行为；政府在改造项目筛选、完善历史用地手续、改造项目立项管理、改造实施方案审批等方面具有自由裁量权。改造方案必须符合土地利用规划和城乡规划等法定规划，符合城市开发配套标准，通过改造完善地区公共空间和基础设施。

尽管自行改造得到了政府支持，村级工业园改造并未获得政策预期的效果。村集体更关注改造后能否长期维持租赁收益和分红，因此集体工业用地再开发项目绝大部分并未转为国有，而是通过流转获得了土地功能变更与业态重构。土地增值收益大部分回流到原土地权利人和投资方，对城市公共利益和社会公众的反馈有限。

2. 鼓励整村改造的管理型治理（2013—2015 年）

2012 年后，广州市对三旧改造进行方向性调整，重新回到管理型管治。政府通过行政手段停止审批改造项目，控制改造进程。广州市出台了《关于加快推进"三旧"改造工作的补充意见》（穗府〔2012〕20 号），确立了政府主导、市场运作、成片更新、规划先行的原则；收缩了旧村自行改造的通道，提高了旧村改造集体成员的同意率（80%~90%）；加强了重点功能区块土地优先储备和整体开发。集体工业用地更新的目标仍然是推动产业转型升级，在功能转型上鼓励"工改工"、严控房地产和经营性物业开发。考虑到集体旧厂的单独改造短期内将对国有土地一级市场和经营性物业市场形成冲击，集体物业、集体旧厂必须与旧村居同步捆绑改造。2013—2015 年，"三旧"政策处于优化调整阶段，暂停了完善历史用地手续报批工作，停止审批三旧改造项目。除纳入退二名单的市属国资旧厂仍由市土地开发中心实施收储外，集体旧厂改造处于停滞状态。

3. 鼓励分区分类的引导型治理（2016—2020 年）

2015 年广州市成立城市更新局，出台了《广州市城市更新办法》，强化对城市更新的政府统筹和规划干预，保障公共利益。新政策强调政府对改造项目的选择及对改造各环节利益的调节，为自行改造提供了宽松的政策环境。以拆除重建为主的三旧改造过渡到以维育活化为主的常态化城市更新，更新治理从"一刀切"的管理型手段转变为"引导性"的管治模式，鼓励社会资金进入旧改，建立公私合作伙伴关系，依靠政策引导改造方向。微改造的引入也大大提升了改造效率。为推动改造效率，2016 年广州市提出了村级工业园"微改造"模式，降低了改造难度。微更新不涉及产权人和土地产权的改变，投资规模小，周期较短，正规化了三旧改造之前的临时性改造；通过审批的微改造项目可通过补交较低的地价改变用地性质，从而降低用地企业自行改造的资金压力（岑迪 等，2017）。

2017 年，广州市对接国土资源部和广东省对土地集约利用的新要求，又出台了《广州市人民政府关于提升城市更新水平促进节约集约用地的实施意见》（穗府规〔2017〕6 号），主要聚焦通过政策放开加快业主自行改造，促进产业转型升级；通过成片连片改造，加强土地储备，推进产城融合，放开了用地面积 150 亩及以上的集体旧厂房成片连片改造，由政府统一招商、用于产业发展，鼓励集体用地转为国有用地。

2019 年广州市划定了全市工业产业区块一、二级保护范围线，加强了产业区块范围内集体产业用地改造的用途管控。《广州市人民政府办公厅关于广州市村级工业园整治提升的实施意见》（穗府办规〔2019〕9 号）确定了"淘汰关停一批、功能转换一批、改造提升一批"的分类分批更新方案；对于位于工业产业区块外的村级工业园改造，采取关停或功能转换的方式，这类改造必然带来土地权属和功能转变，将其定位为以全面改造为主的更新。位于工业产业区块一级线范围内的村级工业园，除完善必要配套设施外，应保障工业用地功能；引导通过拆除重建或综合整治的方式实现功能提升，进行"工改工"或"工改新"，保留土地产权和用途。位于工业产业区块二级线范围内的村级工业园，在一定时期（5~10 年）内需要维持工业主导功能，以"工改工""工改新"为主。产业落后、利用低效、零星分散的村级工业园则应由区政府进行整合和土地前期整理开发，统一招商，统一经营，统一入市。划定不同更新模式的空间边界，有助于因地施策，明确村级工业园实施综合整治和拆除重建的路径，引导各类市场主体以多种形式参与村级工业园更新。

▶ 4.4 集体建设用地再开发治理演变的逻辑

2000—2009 年，集体建设用地更新模式由非正式更新向正式更新转变。两种更新治理模式在改造条件、土地开发权和收益分配、交易成本和改造成效等方面存在显著差异。正式更新与非正式更新的区别关键在于改造行为是否纳入政府规划管治，非合法用地产权是否合法化，是否补交土地用途转变的土地出让金（表 4-3）。比较发现，村集体主导的非正式更新不涉及产权变更和违法用地的确权，改造后仍为低附加值产业集聚的工业园。三旧改造政策下的正式更新一方面将土地开发权赋权村集体，规避了政府介入集体社区推动土地权益重构的交易费用；另一方面政府通过土地用途管制对村集体自发改造行为加以干预，如对改造规模门槛、基础设施配套、产业门类和用地功能等，通过法定规划和文本性规则予以干预。改造图斑选择、土地利益分享规则、改造规划管控等都带有政府基于城市整体利益的价值判断与调控及政府在城市更新中的利益诉求。

表 4-3　正式更新与非正式更新的比较

比较项	正式更新	非正式更新
改造条件	必须有合法用地手续，改造用途必须符合土地利用规划、总体规划、控制性详细规划	无产权合法要求，参与改造的用地也不涉及确权合法化，产权不变，无规划管制要求
改造方式	拆除重建、微改造	临时性改造
土地用途转变	用途改变需补交土地出让金	土地用途不能改变
改造范围	涉及道路和公共服务设施配套，有公共用地献出	仅地块内部的更新，无公共用地献出
政府角色	主导	缺位或弱化
实施主体	投资方（开发商或政府）	承租人（企业或个人）
土地开发权归属	土地开发权赋权村集体或土地权属转国有，政府把控开发权	权属不变，村集体把控开发权，无法获得合法的集体产权
土地增值收益分配	土地增值收益参与者分享	村集体为主
改造效果	大规模的投入，高品质物业开发	为生产服务的低成本改造，违法改造现象严重

集体建设用地更新模式演化背后的治理逻辑是不断重构土地开发权、提升低效土地利用绩效，交易费用一直是左右更新模式和路径选择的核心要素。土地开发权具有公权性和私权性两种属性（刘国臻，2011）。私权性来源于土地的财产属性，公权性来源于国家管制权对土地利用的外部性进行干预，国家通过实施土地用途管制、城乡土地使用规划对土地开发权加以限制。存量更新触发集体土地属性从私权向公权的倾斜，制度供给和资本供给作为外部力量起到降低土地权益重构交易费用的作用，推动集体建设用地从非正式更新到正式更新演进（图 4-5）。"微改造"作为一种折中的更新路径，在保留村集体自行改造权力、不降低集体

租赁收益的前提下，兼顾了降低产权交易费用、实现用地功能置换、保障公共利益的多重考量。

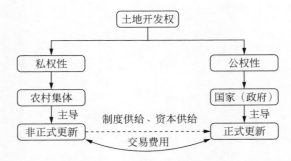

图 4-5　集体建设用地更新的土地开发权治理框架

▶ 4.5　本章小结

2009 年以后，政府主导的自上而下的三旧改造以集体土地法定产权完善为起点，完善非合法集体建设用地产权、赋予农民集体土地开发权和收益权、推动集体建设用地从非正规的临时性改造进入正规化的三旧改造。集体土地开发权从政府主导向村集体主导转变，政府对集体土地权能完善、再开发条件的放开和对农民土地利益分配的扩大，提供了集体建设用地实施改造的正向条件。三旧改造围绕改造门槛、改造主体选择、历史用地处置等方面进行了一系列制度供给，逐渐突破了集体土地权属对土地开发的制约，非合法的集体土地通过交地、分利等形式得以合法化参与土地再开发。在法定产权调整的同时，政府在不降低集体租赁收益的前提下通过对土地再开发权益的重新界定，争取政府和农村集体对集体土地权益分配的一致认知，进而实现集体土地功能的调整和产业转型。

从治理视角看，三旧改造是城市空间治理和产业提升的综合性治理工具。集体建设用地更新经历了从社团型向管理型再向引导型的转变，地方政府逐渐加强规划干预和利益调节，加强对存量图斑的分类管理和分区政策指引。在三旧改造政策下，集体建设用地更新治理的逻辑在于通过政府干预促进集体土地开发权从私权性向公权性偏移，降低物权转移的交易费用，推动低效用地功能转型。

第 5 章
番禺区农村工业化进程与集体建设用地开发

本章首先对番禺区的半城市化特征进行基本判断；接着梳理番禺区 20 世纪 80 年代以来农村工业化两个阶段的发展历程——从乡镇企业发展到租赁经济；进而分析在农村工业化背景下形成的集体建设用地规模特征、土地使用特征、空间分布特征及依附于土地之上的集体经济特征；最后总结农村工业化后面临的城乡土地冲突。

▶ 5.1 番禺区：珠三角的半城市化地区

番禺区位于广州市中心城区南部，西邻佛山市的南海区、顺德区，是广府文化的起源地。番禺与南海同为珠三角最早进行农村工业化的县级市[①]，是传统意义上珠三角的"小三角"（南海、番禺、顺德）之一。

明、清至民国前期，番禺县署设于广州。1921年广州正式建市，番禺县署于1933年迁至新造，后于1945年复迁至市桥街。1992年5月，番禺撤县设市，由广州市代管；2000年5月番禺撤市设区，成为广州市南部的近郊区，并纳入广州市都市区。2005年番禺区、南沙区分治，2012年为支持南沙新区建设，番禺区南部的东涌镇、大岗镇、榄核镇又划归南沙区管辖。2012年底，番禺区总面积为529.94 km²，下辖6个镇、10个街道，有177个行政村、84个社区居委会（番禺年鉴，2013）。

20世纪80年代以前，番禺还是一个以农业经济为主的县级市，主产水稻、糖蔗，兼种水果、蔬菜，1978年农村劳动力占了全社会劳动力的80.8%[②]。番禺作为广州市甘蔗主产区，通过提供农副产品也发展了初级农产品加工业。1978年以后，番禺农民纷纷"洗脚上楼"，发展乡镇集体企业，加速了农村工业化进程。2002年番禺区农村就业人口的非农化率已达58.6%，非农产业占GDP比重已达90.5%。到2003年底，在番禺区305个行政村[③]中，有61个村土地被全征，54个村土地被征用50%以上。在全区农村劳动力总量46万人中，有约30万人转移到第二、三产业（梁镜权，2007）[36]。自2002年以来的10多年，番禺区的非农化水平快速提高。截至2014年，农村非农劳动力占比达77.74%（表5-1）。

2012年，番禺区全区户籍总人口81万人，人口非农化平均水平为63.8%[④]。各镇街户籍人口的非农化水平不均。户籍非农人口比例最大的市桥街达到99.91%，

---

① 番禺于2000年撤市建区，南海于2002年经撤市设立区。
② 来源：番禺五十年．番禺区统计局。
③ 对应当时行政区划。
④ 此处采用非农业人口占总人口的百分比来反映番禺的城市化水平。

表 5-1　2002 年与 2012 年农村非农化程度的比较　　　　%

比较项	2002 年	2012 年
土地非农化程度	25.52	38.56
非农产业占 GDP 比重	90.50	96.28
农村非农劳动力占农村劳动力比重	58.60	77.74[①]（2014 年数据）
农村非户籍人口占全区总人口比重	—	51.7

说明：笔者根据广州市、番禺区统计年鉴，番禺区村庄规划现状摸查工作总结报告（2013）等材料汇总计算。

而最小的化龙镇仅为 12.39%（图 5-1）。农村非户籍人口（924 183 人）与农村户籍人口（458 608 人）的比例达到 2 : 1，大量外来流动人口居住在农村地区。2013 年 8 月，番禺区登记在册的非户籍人口已增长到 111.6 万人，远超过户籍人口。全区共有出租屋 16.2 万栋、77.5 万套分布在 16 个镇（街）、261 个村庄中。2014 年番禺区常住人口 146.75 万人，在行政村内的常住人口达到 128.89 万人，占全区常住人口的 87.83%。番禺区的就业岗位资源大部分在村镇，在乡镇从业的劳动人口达 94.14 万人（占到广州市全市在乡镇从业人口总数的 27.65%，为全市比例最高），大量流动人口居住在镇村从事非农产业。

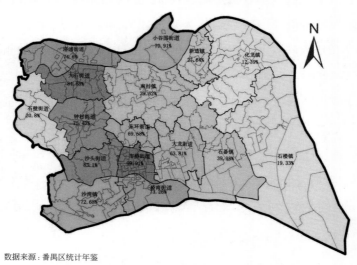

数据来源：番禺区统计年鉴

图 5-1　2014 年各镇街户籍人口非农化水平

---

① 2014 年，番禺区农村户籍从业人员 254 650 人，从事农业的人口 56 695 人。

从城乡建设用地扩展来看，20世纪90年代以前，番禺的城市发展还处在以市桥为中心的县城发展格局。1988年，联结广州市中心区与番禺的洛溪大桥建成通车，刺激了番禺北部房地产及旅游业的发展，番禺北部已成为接纳广州市城市居住功能外延的重要地区。1990—2000年，番禺农村充分利用港资的经济效应和外部效应，进行"内生"式发展。2000年《广州市城市总体规划（2001—2010年）》提出"南拓、北优、东进、西联"的"八字战略"，将番禺区定位为广州市南拓的承载地。加之2000年番禺撤市设区纳入广州市都市区，扫除了资源扩散的行政区划障碍。自上而下的重大项目的投资建设，包括广州市大学城、广州市铁路南站、第16届亚洲运动会亚运城、广汽产业基地等大型项目的"嵌入式开发"，推动了番禺区建设用地在全区蔓延式扩张（张志强，2010）。2000年以后，在广州市大都市区化与番禺区本地城镇化的双重驱动下，建设用地从1999年的134.45 km² 增长到2012年的217.3 km²，土地非农化程度达到38.56%。根据番禺区第二次土地调查数据显示，村镇建设用地总量占比已达全区总面积的15.09%，与城市建设用地相当，村庄建设用地约占全区建设用地的1/3（表5-2）。2014年，番禺区城乡建设用地面积已占全区总面积的44.9%，占比远高于广州市全市22.6%的平均水平。

表 5-2 番禺区第二次土地调查建设用地结构

地类名称	面积 /km²	占城镇村及工矿用地百分比 /%	占番禺区总面积比例 /%
城市建设用地	11 955.53	48.02	15.51
建制镇建设用地	3879.51	15.58	5.03
村庄建设用地	7752.14	31.14	10.06
采矿用地	342.11	1.38	0.45
风景名胜及特殊用地	966.34	3.88	1.25

来源：广州市番禺区第二次全国土地调查农村土地调查成果分析报告.广州市番禺区第二次土地调查领导小组办公室，2010.1.6。

总体而言，自1980年以来，番禺人口与土地非农化程度快速提升，城乡经济和土地利用具有过渡性与动态性，土地开发分散、城乡建设用地与农业用地犬牙交错，呈现典型的半城市化特征[①]（图 5-2）。

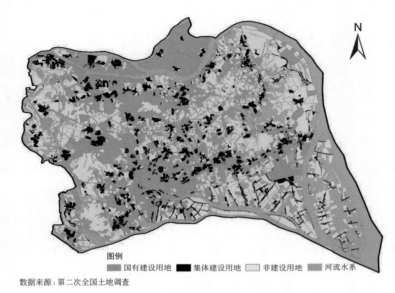

图例　■ 国有建设用地　■ 集体建设用地　□ 非建设用地　■ 河流水系

数据来源：第二次全国土地调查

图 5-2　番禺区国有建设用地与集体建设用地的混杂（2013 年）

▶ 5.2　番禺区农村工业化的发展历程

番禺区的农村工业化进程在土地股份合作制、集体建设用地使用权流转制度变迁下，经历了乡镇企业发展和集体租赁经济两个阶段。

5.2.1　乡镇企业主导的农村工业化

番禺的农村工业起步于 20 世纪 50 年代乡村零星的农副产品（如乌榄、萝

---

① 田莉等（2011）将半城市化地区的特征归纳为：地方经济的主导产业和就业结构由以农业为主逐步向以制造业为主转变；制造业发展带来的流动人口大量增加；空间增长模式出现显著的斑块化和碎片化特征；土地开发极为分散、集聚程度低，土地使用呈现工业、商业、居住和农业等混合利用的特征，具有"非正规"或"灰色"经济盛行等特性。

卜、番薯、花生等）生产与加工。1978 年家庭联产责任制推行后，番禺积极发展村镇企业以解决农业劳动力过剩问题，以制糖、切菜、农机、水泥、化肥等支农工业为主。1987 年，原生产大队更名为经济合作社，成为经济社团法人（行政上为村民委员会）。集体土地所有权归属合作社，原生产队保持财产权、土地的经营权及收益权、企业所有权及收益权。为了寻找解决人多地少、劳动力剩余问题的出路，各合作社积极发展村镇企业，开辟第三产业。1991 年底，农业劳动力转向第二、三产业 16.6 万人，占农业总劳动力的 46%。1992 年番禺撤县设市后获得了更多的经济管理权限，其中包括工业项目的审批权限，以促进当地的乡镇企业和"三来一补"产业发展（梁镜权，2007）[35]。1994 年工业产值超亿元的村已达到 13 个，5000 万～1 亿元的有 22 个，其中工业产值最大的钟村镇（现已转制为街道）钟二村达 17 253 亿元（番禺年鉴，1995）。1995 年 1 月广州市出台《广州市土地管理规定》，将部分乡村建设用地审批权下放到县乡两级，给予乡镇企业用地便捷的审批制度，进一步促进了番禺乡镇企业的飞速发展（彭宝泉，2009）。1995 年，番禺共有各类乡镇企业 3434 个，镇办村办企业占到 55.65%，其余的主要以个体承包为主（联户 82 个，个体 2660 个）（表 5-3）。乡镇企业的行业门类以轻工业为主，以制糖、轻纺、汽车装配、建材、机械、家电、电子、食品加工等为主干。村以下三级经济完成总产值 142.3 亿元（工业产值 106.2 亿元），营业收入 147.8 亿元，实现利润总额 12.2 亿元，上缴国家税金 4.3 亿元，分别占当时番禺市四级经济的 58%、54%、61%、92% 和 69%。全区工业产值超 10 亿元的镇有 8 个，超亿元的村有 50 个（番禺年鉴，1996）。

表 5-3　1995 年番禺乡镇企业结构

门类	企业总数 / 个	镇办数量 / 个	村以下数量 / 个	职工平均人数 / 个	工业总产值 / 亿元
轻工业	2816	303	990	156 246	156.72
重工业	618	85	533	49 367	46.46

来源：番禺年鉴，1996。

5.2.2　租赁经济主导的农村工业化

20世纪90年代初期开始，乡镇集体企业在外资和民营企业的竞争下迅速衰落，然而农村就地而起的工业化进程并没有就此走下坡路。随着城市土地使用市场化配置制度的推进，城市边缘的土地价值相应显化，当地农民受到城乡土地级差收益的激励，探索出一条更为直接的集体建设用地使用之路。各村利用集体土地发展农村工业点，建好厂房统一对外出租，或者是直接出租土地由投资方建设厂房，为外向型经济和个体私营经济提供发展空间。土地股份合作制的建立为农村集体土地对外招商引资，引入三资企业做好了准备。番禺县利用靠近港澳的地缘优势，以廉价劳动力、地皮及地方种种优惠政策吸引了大批港澳企业在番禺投资设厂进行外销加工。1996年以后，番禺市工业经济中的国有和集体经济的份额已是微不足道，外资经济工业已成为番禺工业的主体。截至1998年，番禺市国有经济、集体经济、外资经济（其他经济）、镇村个体及以下经济比例为3.71%：6.29%：50.83%：39.17%（图5-3）。以外向型企业作为基本单元的外源性产业结构的特征是两头在外、大规模利用外资、出口依存度高、工业结构以轻工业为主（张志强，2010：160）。

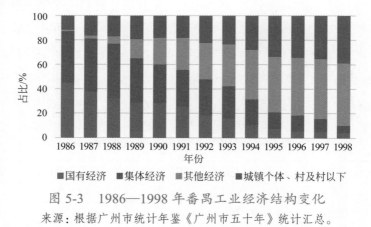

图5-3　1986—1998年番禺工业经济结构变化
来源：根据广州市统计年鉴《广州市五十年》统计汇总。

集体土地租赁经济带来的劳动密集型产业吸引了外来人口在番禺区就业与安置，为乡镇带来了稳定的直接收益（地租或土地有偿使用费）和间接收益（治安、教育、文化的各种经费），保证了乡镇以土地为中心的财政体制的正常运作

（蒋省三 等，2005；雷诚，2010）。村民与村集体之间实际上形成了"委托－代理"关系。村民委托村集体管理和经营集体资产，以求通过集体经济的发展来增加个人收益。作为"委托人"的村民对村集体的要求则是增加股份分红和提供公益福利（杨廉 等，2012）。根据番禺年鉴（1996）统计，20世纪90年代初各村的股份合作经济社都明确规定了集体收入中的分红比例，普遍来说，各村集体社员分配的比例在40%~50%。

2000年番禺撤市设区后，随着资源环境瓶颈制约日益加剧，传统拼土地、拼资源、拼环境的工业化主导方式和城镇化发展模式已经难以持续，传统发展方式所依赖的土地低成本、劳动力低成本、环境低成本的优势正在消失[1]，由村镇主导的农村社区工业化与非农化模式不得不转型。2002年，番禺区工业总产值770.39亿元，其中区属工业总产值达655.02亿元，在镇村集体土地上的工业产值仅占14.98%。至2013年第三次经济普查，番禺区含集体所有制成分的规模以上工业企业仅36家，总产值比例已跌至3.47%（表5-4）。

表5-4　2002年和2013年番禺区国有和集体工业产值比较　　　亿元

年份	国有土地上工业	集体土地上工业	工业总产值
2002	655.02（85.02%）	115.37（14.98%）	770.39
2013	1483.14（96.53%）	53.39（3.47%）	1536.53

来源：番禺区统计年鉴，广州市第三次全国经济普查（2014）。

注：2002年的集体工业指在乡镇集体土地上的工业，包含集体所有制工业和民营企业，2013年的集体工业包含集体所有制企业、国有和集体联营企业的规模以上工业。

2008年世界金融危机后，依靠土地和劳动力要素推动的村镇经济普遍面临产能过剩问题，外向型企业受到直面冲击，乡镇转型模式转向内生增长（endogenous growth）。番禺区的服装、皮鞋、电缆产量因受金融风暴影响而下降，电力电缆2008年产量比上一年减产44.2%；2008年订单减少关停的有出口业务的工业企业达到383个（方明，2009）。传统村集体出租厂房的空间和配套设施已逐渐无法满足内生型产业升级的需求，租赁需求的下降和物业常年缺乏投资维护形成的衰败

---

[1]　来源：中国网，2013年11月1日。

导致集体旧厂房的租金水平从 2008 年之前的 15 元 /m² 跌到 10~12 元 /m²（访谈得知），以厂房出租为主的集体租赁经济在一定程度上遇到了发展的瓶颈。

▶ 5.3　集体建设用地的开发与特征

5.3.1　集体建设用地的扩展与规模

随着 20 世纪 90 年代中期珠三角乡镇集体企业的日渐式微，镇办、村办的集体企业以租赁、承包、股份合作制的方式转制为私营企业[①]。村集体经济从依靠办集体企业发展农村工业的经济模式，发展为纯粹依靠土地或土地上的物业收取地租或物业租金的经济模式。城乡二元土地制度形成的土地级差地租降低了村集体土地和物业的租赁成本，使集体土地和物业相比国有土地具有明显的价格优势。行政村、自然村两级利用手头的集体建设用地各自为政，招商引资、大搞村属工业园，吸引企业入驻，厂房遍地开花，导致集体建设用地的蔓延扩散。集体建设用地根据用途总体可分为集体工业用地和集体商业用地。

根据张志强（2010）对番禺实测地形图的解读，1995 年番禺有工业用地1749.09 hm²。从不同属性企业的户数来看，镇属企业、村办企业、联合企业、个体企业户数达 4541 户，远超区属及以上企业的 380 户（番禺年鉴，1996），国有工业用地较少。工业用地主要源于农村集体农用地转化为集体建设用地。但是集体工业的实际数字不得而知，村集体与镇街政府不愿讲，更不愿报（张志强，2010：162）。经过 30 多年自下而上的农村工业化历程，形成了"村村点火，家家冒烟"的农村工业格局。截至 2002 年，番禺区尚无区政府主导发展的工业区，按 2012 年以后番禺区的行政区划范围计算，2002 年共有城乡工业用地面积达 40.69 km²（表 5-5）。2007 年以后番禺区集体工业用地的面积基本维持在全区

---

① 转制拍卖了原集体企业的所有权，土地所有权仍在集体（村委会或村民小组）手中。

工业用地面积的 2/3 左右（表 5-6），集体工业用地的平均增长率达到 1.73%。

表 5-5　番禺区各镇上报的工业园区汇总表（2002 年）

镇名	村委会数量 / 个	工业园区面积 /hm²
大石镇	23	280.63
南村镇	16	694.30
新造镇	14	182.80
化龙镇	13	125.40
钟村镇	17	372.30
市桥镇	26	158.70
沙湾镇	17	330.90
石基镇	29	1129.60
石楼镇	17	794.60
合计	172	4069.23

来源：根据雷诚，2010：130 修改。

表 5-6　2007 年、2012 年、2014 年番禺区工业用地结构　　　　km²

年份	国有工业	集体工业	总量
2007	14.4（31.30%）	31.6（68.70%）	46.0
2012	15.8（29.81%）	37.2（70.19%）	53.0
2014	19.0（34.80%）	35.6（65.20%）	54.6

注：上述工业用地面积都对应 2012 年番禺区行政区划调整后的空间范围。

　　关于番禺区集体建设用地的总体规模，并无一个官方的统一口径。根据 2013 年番禺区村庄布点规划，再结合收集到的 2014 年番禺区全区土地使用现状图及番禺区城改办提供的数据，可知 2014 年番禺区集体建设用地面积共 41.75 km²（不含宅基地），其中，集体工业用地和集体商业用地分别为 35.64 km² 和 6.11 km²。集体工业用地占到全区城乡建设用地总面积的 15.33%，占到集体建设用地总量的 85.37%，商铺、市场等用地仅占 14.63%（表 5-7）。在集体工业用地中，连片的村级工业园有 350 多个，总面积约 25.02 km²，占广州市全市村级工业园面积的 19%。

表 5-7　2014 年番禺区集体建设用地各分类面积

大类	种类	小类	面积 /km²
集体建设用地（41.75）	集体工业用地（35.64，85.37%）	零星工业用地	10.62（29.80%）
		村级工业园	25.02（70.20%）
	集体商业用地（6.11，14.63%）	—	6.11

5.3.2　集体建设用地的空间分布特征

1. 集体旧厂房用地的空间分布特征

由于难以获得番禺区全区的集体建设用地分布图斑，集体商业用地也难以在地形图上归类，因此采用纳入三旧改造图斑的 2014 年集体旧厂房用地的空间分布来表征集体建设用地的空间分布特征。番禺区 177 个行政村共有 350 个村级工业园，总面积 25.02 km²。其中，用地面积 50 亩以上、以村集体土地为主的村级工业园有 92 个，面积达 20.1 km²；其中 250 亩以上的有 14 个，总面积 3.82 hm²。而 50 亩以下的村级工业园数量为 258 个，平均单个面积仅 1.91 hm²（27.3 亩）（表 5-8，图 5-4）。

表 5-8　番禺区村级工业园规模统计

用地规模	数目 / 个	总面积 /hm²	平均面积 /hm²
250 亩以上	14	382.03	27.29
50~250 亩	78	1627.97	20.87
50 亩以下	258	492	1.91

再叠合纳入三旧改造图斑的国有工业用地，从而在空间上直观表达集体旧工业用地与国有工业用地的插花交错布局和空间破碎。比较国有和集体两类三旧工业用地的景观指数发现，集体旧厂用地图斑比国有旧厂破碎得多。集体工业用地斑块平均面积为 2.25 hm²，最小的仅 96 m²。集体工业斑块密度也接近国有工业的 2 倍（表 5-9）。

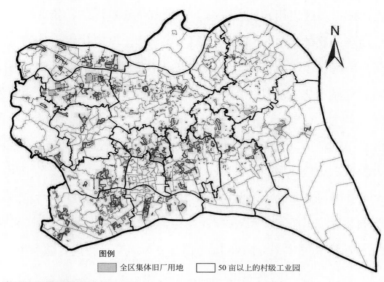

图 5-4 2014 年底番禺区纳入三旧改造图斑的集体旧厂用地图斑和 50 亩以上村级工业园范围

表 5-9 集体工业用地与国有工业用地景观指数比较（2012 年）

项目	定义	纳入三旧图斑的集体旧厂斑块	国有工业用地
用地斑块占总行政面积比例 /%	斑块总面积 / 全区面积	4.15	2.80
斑块数 / 块	—	977	509
斑块总面积 /hm²	—	2200	1487
平均斑块大小 /hm²	斑块总面积 / 斑块数	2.25	2.92
斑块密度 /（块 /km²）	斑块数 / 全区面积	1.844	0.96
景观破碎度 /（块 /km²）	斑块数 / 斑块总面积（值越大越破碎）	44.41	34.23

来源：根据番禺区三旧图斑计算。

2. 集体建设用地的镇街分布差异

根据番禺区 2013 年开展的村庄规划摸查数据，以各镇街的集体经济项目用地来测度集体旧厂房建设用地的空间差异。北部的小谷围街、新造镇、化龙镇经过多次征地所剩的集体经济项目用地已经寥寥无几；城市化水平高的市桥街、大石街、东环街、南村镇集体经济项目用地也已不多。而南部石碁镇、桥南街、石楼镇等镇街远离城市化发展地区则存在较多集体经济项目用地；村均集体经济项目用地存量平均为 12.22 hm²，市桥街驻地南部的桥南街的集体经济项目用地存量最大，达 28.6 hm²。即使在同一镇街，也存在很大的差异性。集体经济项目用地面积最大的村是石楼镇清流村，达 207.11 hm²，而最低的也在石楼镇，东星村仅 0.01 hm²（番禺区村庄规划现状摸查工作总结报告，2013）。从人均集体经济项目建筑面积来看，农村户籍人口人均集体经济项目建筑面积在 35.8 m²，最大的沙头街达到 81 m²，最小的小谷围街仅有 0.3 m²（表 5-10，图 5-5）。

表 5-10　2012 年番禺区各镇街集体经济项目统计

镇（街）	村均集体经济项目用地 /hm²	集体经济项目建筑面积 / 万 hm²	村庄户籍人口 / 人	人均集体经济项目建筑面积 /m²
沙头街	16.64	143.70	17 743	81.0
大龙街	14.50	189.09	29 032	65.1
东环街	12.08	73.26	11 450	64.0
钟村街	18.76	115.08	21 916	52.5
沙湾镇	14.21	156.02	30 914	50.5
石碁镇	19.39	175.48	37 713	46.5
南村镇	12.99	173.80	40 342	43.1
洛浦街	14.66	124.32	28 960	42.9
桥南街	28.60	43.68	12 743	34.3
大石街	5.22	60.44	23 060	26.2
市桥街	1.11	25.18	14 412	17.5
新造镇	3.13	14.94	9103	16.4
石壁街	13.07	29.80	20 331	14.7
石楼镇	16.57	65.26	55 823	11.7
化龙镇	4.02	18.68	28 204	6.6
小谷围街	0.53	0.44	14 139	0.3
全区平均	12.22	88.08	24 743	35.6

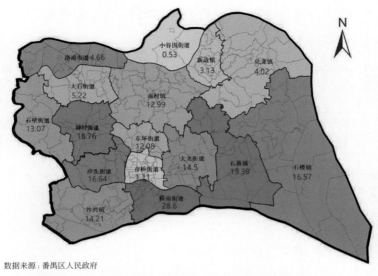

数据来源：番禺区人民政府

图 5-5　2012 年各镇街村均集体经济项目用地面积（hm²）

5.3.3　集体建设用地的使用与经营

1. 现状土地使用

番禺区集体建设用地的用途以村属工业为主，区位较好的地段发展商业、物流业、仓储、办公、酒店、专业市场、餐饮、汽车配件及维修、旅游业、教育等其他用途。从工业门类来看，主要以生产型和加工组装型企业为主。早期的村级工业园基本缺乏对企业的筛选，各村社各自为政的产业项目引入导致生产门类五花八门、缺乏分工。例如，面积仅 13.8 hm² 的大岭村菩山工业园，就汇集了五金、钟表、化工在内的 5 个不通畅 24 家不同类型的企业。不用企业的土地租赁周期不一样，导致村集体往往也难以对土地进行整合，以形成大面积的产业地块，引入高质量的企业（表 5-11）。农用地和非农用地高度碎片化和无组织地交织及分散于集体土地上的工业对农用地产生了严重的污染（Zhu，2018）。有研究显示，2013 年番禺区农田土壤中 8 种重金属平均含量超过广东省和全国的背景值。其中汞（Hg）和镉（Cd）的均值分别是广东省土壤背景值的 3.61 倍和 3.45 倍（李

结雯 等，2015）。重金属超标主要来源于塑料制造、电子制造等农村工业污染。

表 5–11　菩山工业园土地租赁结构

年限	数量 / 个	面积 /hm²	面积比例 /%
2020 年到期	10	4.97	41
2016 年 6 月到期	3	1.78	15
2017 年 12 月到期	1	2.47	21
已到期	8	2.75	23

来源：番禺区城市更新局 . 番禺区大岭村菩山工业园更新初步策划，2015.6。

集体土地细碎的空间格局和残缺的产权，难以吸引现代大型制造业企业落户，而低端产业的集聚又导致土地使用低效。从集体建设用地的开发强度来看，2012 年集体经济项目建筑面积达 1409 万 m²，平均容积率为 0.64，成片的村级工业园现状平均毛容积率约 0.77。区政府驻地市桥街及东西两侧的沙头街、大龙街是番禺区城市化起步最早的镇街，开发强度比其余镇街都高（图 5-6）。

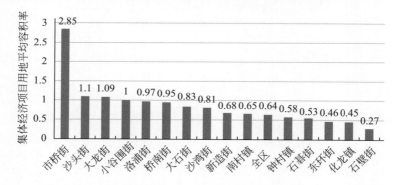

图 5-6　番禺区各镇街行政村集体经济项目用地平均容积率（2012 年）
来源：根据村庄规划摸查数据绘制

由于缺乏政府对集体产权用地的有效管制，集体旧厂房普遍老旧，基础设施落后，园区交通不畅，且存在消防隐患，带来了物业闲置问题。2015 年区政府摸查显示，全区有 217.11 万 m² 土地、29.14 万 m² 厂房处于空置待招商状态[①]。大部分村集体建设用地有 10%~20% 的闲置量，个别村闲置量达到了 30%~60%。

---

① 来源：番禺区"十三五"规划纲要。

集体物业用房以临时建筑和单层简易结构厂房为主，建筑年代以 20 世纪 90 年代及以前兴建的居多。以大龙街为例，14.47% 的旧厂房建于 20 世纪 80 年代，52.96% 的集体物业地块建于 20 世纪 90 年代。由于集体土地的产权缺陷，且存在被征收的风险，无论是村集体还是租地企业都不愿意对其发展进行长远投资，更不用提物业维护了。

2012 年番禺区集体经济项目单位地均产出约为 94.94 万元 /hm²，低于广州市全市农村集体建设用地平均产出效率的 121 万元 /hm²，仅约为广州市国有建设用地产出率的 1/100[①]（番禺区村庄规划现状摸查工作总结报告，2013）。集体建设用地较低的经济效益拉低了番禺区全区的水平。2014 年，番禺区单位建设用地 GDP 产出 6.23 亿元 /km²，远低于全市 9.96 亿元 / km² 的水平。由于土地经济区位差异和集体物业建设与配套水平差异，各镇街的集体经济项目土地单位产出效率存在显著差异。市桥街最高达 2164 万元 /hm²，远高于全区 95 万元 /hm² 的平均水平；而远郊的石楼镇仅为 14 万元 /hm²（表 5-12）。

表 5-12　番禺区各镇（街）村集体经济项目收入统计表

镇（街）	2012 年村均集体经济收入 / 万元	单位集体建设用地经济收入 / （万元 /hm²）
市桥街	2401.540	2164
洛浦街	1354.821	92
钟村街	1115.970	59
大龙街	1589.490	110
大石街	388.590	74
东环街	1080.000	89
桥南街	2107.000	74
沙头街	1274.000	77
石壁街	232.000	18
小谷围街	145.600	275
化龙镇	367.000	91
新造镇	49.460	16

---

① 2013 年，广州市全市单位建设用地产出率达到 892 万元 /hm²。

镇（街）	2012 年村均集体经济收入 / 万元	单位集体建设用地经济收入 / （万元 /hm²）
南村镇	502.630	39
沙湾镇	900.000	63
石碁镇	513.800	26
石楼镇	233.800	14

来源：番禺区人民政府 . 番禺区村庄规划现状摸查工作总结报告，2013.9。

2. 现状土地产权

为了获得更多的土地租金，村集体往往在政府征地之前先发制人，将农地违法转为集体建设用地，从而增加租赁收入。根据第 8 次应用卫星遥感监测图片数据，2007 年番禺区涉嫌违法用地面积达到 11 640 亩，比 2006 年增长了 3.5 倍，居全市第一[①]。2008 年，通过国土资源部卫星遥感图片，广州市共发现违法用地 47 092.2 亩，其中村镇项目用地 11 679 亩，占违法用地总量的 25%（彭宝泉，2009），番禺区就占了全市违法用地的 24.7%。2013 年对番禺区的村庄摸查数据显示，在村集体经济项目中有集体建设用地使用权证或房地产证的比例仅占 35.63%（有集体建设用地使用权证或房地产证的村集体经济项目有 957 个），大部分村集体经济项目没有纳入规范管理（番禺区村庄规划现状摸查工作总结报告，2013）。在 92 个村级工业园区中需要完善历史用地手续的用地有 590 hm²，占村级工业园总面积的 29%（图 5-7）。

由于集体建设用地使用权确权[②]涉及对边界的调查确认及权属来源的核定，集体土地使用者众多，出租转租现象普遍；使用权确权工作远较集体土地所有权确权复杂。使用权确权工作进展比较缓慢，由此造成集体建设用地使用权的主体

---

① 来源：网易房产。

② 集体土地使用权确权，主要包括完成每宗集体建设用地的权属调查和地籍测量工作，查清宗地位置、权属界线、界址点坐标、界址边长、用地面积和权利归属等，并进行土地登记，向权利人颁发集体建设用地使用权证书，明确赋予农民及其他集体建设用地使用权人完整的物权（高艳梅，田光明，宁晓峰 . 集体建设用地再开发中的土地产权政策建议：广东省"三旧"改造的实践及启示 [J]. 规划师，2016, 32（5）:103）。

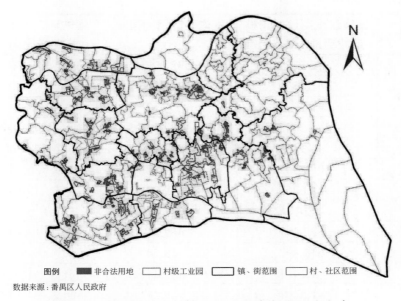

图例 ■ 非合法用地 □ 村级工业园 □ 镇、街范围 □ 村、社区范围

数据来源：番禺区人民政府

图 5-7 番禺区 92 个村级工业园非合法用地分布

在很长时期内难以明确（郑沃林 等，2016）。从各镇街来看，集体物业用地使用权确权程度各异，平均仅 27.1%，最大的也不超过 50%（表 5-13）。此外，由于广州市集体土地所有权发证工作只是落实到行政村，尚未细化到村民小组一级（彭宝泉，2009），行政村和自然村之间模糊的产权关系难以通过确权予以理清。产权残缺的集体物业只能以较低的租金租赁。2015 年番禺区集体商业、工业物业的租金分别为 20~30 元 /（m² · 月）、10~15 元 /（m² · 月），土地租金仅为 2~5 元 /（m² · 月），物业平均租期仅 3~5 年，土地租期长达 20~50 年（以 20~30 年居多）（汪竹飞，2016）。

表 5–13 2012 年各镇街集体物业用地使用权确权比例

镇（街）	集体建设用地使用权证载用地面积 /hm²	集体建设用地面积 /hm²	集体建设用地使用权确权比例 /%
大龙街	156.3122	395.11	39.60
大石街	132.3432	270.95	48.80
东环街	50.0794	114.79	43.60

镇（街）	集体建设用地使用权证载用地面积 /hm²	集体建设用地面积 /hm²	集体建设用地使用权确权比例 /%
化龙镇	12.3799	322.07	3.80
洛浦街	142.6570	293.34	48.60
南村镇	141.4922	450.12	31.40
桥南街	66.2962	137.32	48.30
沙头街	46.9353	197.99	23.70
沙湾镇	108.4495	297.82	36.40
石壁街	28.6067	219.02	13.10
石楼镇	41.9704	617.64	6.80
石碁镇	62.5491	462.81	13.50
市桥街	61.2897	113.54	54.00
新造镇	1.2461	113.34	1.10
钟村街	41.5207	169.28	24.50
小谷围街	37.2060	——	——
汇总	1131.334	4175.14	27.10

来源：笔者根据 2013 年番禺区村庄布点规划及调查表整理。

5.3.4 集体经济的规模与特征

1. 集体经济的规模

2000 年以后，番禺区集体建设用地不断扩张，加之集体土地和物业出租的租金自然增长（一般每 3 年或 5 年按 7%~10% 的递增比例增长），随之带来集体收入的持续增加。集体收入一般包括 3 部分：①农地流转费、农业经营等家庭经营收入；②集体土地和物业的出租收入；③被征收土地的土地补偿款利息等其他收入。随着土地股份合作制进一步将非正式的土地经济资产转化为持续的土地和房屋租赁收入，经营收入和土地租赁收入成为集体经济的主要来源。2010—2015 年，番禺区集体经济收入总量从 23.56 亿元增长到 30 亿元，其中土地和房屋出租占比从 43.23%（2012 年）增长到 50.97%（2015 年）（表 5-14）。

表 5-14　2010—2015 年番禺区集体经济收入总量　　　　　万元

类别	2010 年	2012 年	2014 年	2015 年
集体经济收入总量	235 596	279 123	289 509	300 003
土地和房屋出租总收入	—	120 670 （43.23%）	143 428 （49.54%）	152 923 （50.97%）

来源：广州市统计年鉴，2011—2016。

2015 年，番禺区全区农村集体资产总额达 11 577 亿元，平均每村资产约 6540 万元（番禺区委农村工作领导小组，2014）。番禺区村集体收入达 30 亿元，占到广州市全市村集体收入的 63.3%，年末村集体资产总额占到广州市全市的 35.6%。从村集体收入来看，番禺区村集体收入中的经营收入、土地出租收入、房屋出租收入总量等都居全市第一。土地和房屋出租总收入达 15.3 亿元，占到当年番禺区村集体收入的 51%（表 5-15）。相比广东省全省和珠三角集体收入中各项平均水平，番禺区村集体经济对土地出租和房屋出租的依存性更强（表 5-16）。

表 5-15　广州市全市与番禺区村集体经济情况比较（2015 年）

类别	广州市全市 收入 / 万元	番禺区 收入 / 万元	番禺区 比例 /%
全年村集体收入 / 万元	473 707	300 003	占全市 63.3
其中　经营收入 / 万元	164 079	122 230	占全区 40.7
土地出租收入 / 万元	130 507	81 514	占全区 27.2
房屋出租收入 / 万元	111 850	71 409	占全区 23.8
其他收入 / 万元	67 271	24 850	占全区 8.3
年末村集体资产总额 / 万元	3 249 248	1 157 738	占全市 35.6

来源：广州市统计年鉴（2016）。

注：这里的全市指白云区、番禺区、花都区、南沙区、萝岗区、增城区和从化区 7 个广州市郊区，2014 年 2 月 12 日，国务院同意撤销县级增城市、从化市，设立广州市增城区、从化区。

表 5-16　广东省分区域村级集体收入来源比重　　　　　　　%

区域	经营收入	土地出租收入	房屋出租收入	其他收入
全省	47.7	18.1	15.7	18.5
珠三角	52.1	14.7	15.2	18.1
番禺区（2014 年数据）	40.7	27.2	23.8	8.3

来源：广东省统计局 . 广东农村集体经济收入现状分析（2013）。

2. 集体经济的特征

根据 Wang 等（2017）对 2012 年番禺区各村集体收入结构的调研汇总统计，土地/物业租金收入占村集体总收入的比例普遍较高；土地/物业租金收入占比超过 50% 的村庄有 113 个，占村庄总量的 65%（表 5-17）。说明集体经济对土地和物业的租赁高度依赖。

表 5-17　番禺区 2012 年土地/物业租金收入占村集体总收入的比例

土地/物业租金收入占比	全区村庄个数（比例）
75%~100%	66（38%）
50%~75%	47（27%）
25%~50%	20（12%）
0~25%	40（23%）

来源：Wang et al.（2017）Institutional Uncertainty, Fragmented Urbanization and Spatial Lock-in of the Peri-urban Area of China: A Case of Industrial Land Redevelopment in Panyu.Land Use Policy.72:241-249.（177 个村中有 4 个村缺乏数据。）

由于村庄区位不同、土地资源不同、集体经济项目总量不同及各村集体土地的租金不同，各行政村集体收入具有显著的差异性（图 5-8）。2013 年，128 个行政村可支配纯收入超过 500 万元，村集体可支配纯收入超 3000 万元的村有 12 个，仅占村庄总数的 6.78%，而可支配纯收入不足 500 万元的村有 49 个，村庄在收入上贫富差距显著（表 5-18）。

表 5-18　2013 年行政村可支配纯收入差异

可支配纯收入/万元	<500	500~1000	1000~3000	>3000
行政村个数	49	53	63	12

来源：番禺区委农村工作领导小组，2014。

根据村庄规划摸查数据，总体来看，2012 年村级经济较高的区域主要集中在番禺区北部门户小谷围街和洛浦街，传统中心大龙街、市桥街、钟村街、南站区域石壁街及各镇街开发成熟的地段。这些村庄村集体收入（2000 万~

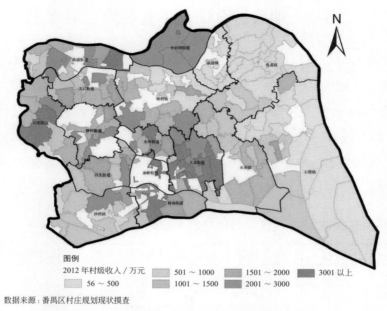

图例

2012 年村级收入 / 万元 ▢ 501 ~ 1000 ▢ 1501 ~ 2000 ▢ 3001 以上
▢ 56 ~ 500 ▢ 1001 ~ 1500 ▢ 2001 ~ 3000

数据来源：番禺区村庄规划现状摸查

图 5-8　2012 年番禺区各村村级收入分布

注：白色的区块为已经国有化的社区居委会行政区域及部分缺失数据的村域。

3000 万元）普遍高于平均水平（1613 万元）。城中村的集体经济密度、村级收入和增长率显著高于城边村和远郊村，城中村土地 / 物业租赁收入占村级经济的比例更大（表 5-19）。

表 5-19　番禺区不同类型的行政村集体经济平均情况

行政村类别	个数 / 个	2012 年集体经济项目用地单位收益 /（万元 /hm²）	2013 年村级收入 / 万元	土地和物业租金占村级收入比 /%	2010—2013 年村级收入增长率 /%
城中村	87	196	1637	68.1	27.5
城边村	62	73	1257	48.8	23.4
远郊村	23	52	529	32.4	14.1

注：①个别村庄的数据与现实不符，统计时已经将这些村庄剔除；②番禺区村庄规划将全区村庄分为城中村、城边村和远郊村 3 类，每个村庄都对应一类，本书直接借用该村庄分类。

5.3.5　土地股份合作制下食利阶层的崛起

在土地股份合作制下，村民与村集体实际上建立了一种基于土地利益分成的委托 – 代理关系。2008—2013 年，番禺区农村集体分红占农村家庭收入的比例从 2.4% 稳步上升到 9.2%，村民的租金收入占比从 15.6% 上升到 18.1%（表 5-20）。与城镇居民的收入结构相比，农村居民从租金收入中受益更多，占农村家庭总收入的 27.3%，而 2013 年同区城市家庭财产性收入比例仅为 3.6%（番禺区统计局，2013）。

表 5–20　番禺区农村家庭收入结构（2008—2013 年）　　　　　%

类别	工资收入	家庭经营收入	股份合作社分红	出租屋租金	合计
2008 年	51.3	30.7	2.4	15.6	100
2009 年	54.4	27.9	4.5	13.1	100
2010 年	55.5	25.7	5.1	13.8	100
2011 年	52.5	24.1	7.2	16.2	100
2012 年	52.1	22.7	8.4	16.8	100
2013 年	48.3	24.4	9.2	18.1	100

来源：根据番禺区统计年鉴计算，2009—2014。

土地股份合作社的股民作为自利的机会主义者，仅仅关心每年的分红和租金收入，而不关心集体经济的长期发展，在农村形成了一个强大的以租金为导向的积累机制。2013 年，番禺区约 44.9% 的集体收入作为分红分配给了股民，股份合作社成员年平均分红达 3770 元（番禺区委农村工作领导小组，2014）。据估计，番禺区的农村家庭年均财产性收入（含分红）为 33 000~34 000 元。2014 年，21.4% 的农村户籍劳动力没有就业，而是依靠租房收入和合作社分红度日。非正式住房市场的繁荣和村民对集体租金收入的依赖，催生了吃租食利阶层的形成。对不劳而获的出租收入的路径依赖导致村民对集体物业改造缺乏积极性，除非他们能够得到与其原有房屋相同面积的商品房补偿（2016—2019 年对 5 个案例村村民的访谈）。

▶ 5.4 农村工业化后的城乡土地冲突

5.4.1 土地指标总量约束与集体建设用地减量

2000 年番禺"撤市建区"后，土地审批、项目审批权限上收到广州市，农村建设用地指标审批受到上级政府严格控制。具体包括实施对农村地区宅基地用地减量控制，严格控制留用地指标落地，停止审批农民新增分户宅基地。在严格的土地管控制度下，农村地区无论是宅基地还是经营性建设用地都难以通过合法的渠道得到满足（叶裕民 等，2016）。2000 年以后，番禺区曾致力于对镇、村及村级以下的农村工业点进行集聚，对大规模的低效存量集体建设用地进行土地整理。由于乡镇企业的社区属性、园区集聚巨大的协商交易成本和村组之间利益协调困难，跨村或跨镇街的土地整合难以实现（张志强，2010；田莉 等，2010）。

经历 2005 年和 2012 年两次行政区划调整后，番禺区辖区内可建设用地指标大幅缩小，特别是沙湾水道以南被整体划入南沙区以后，城市建设用地减少了 21%，加剧了番禺区空间资源约束。2012 年，75% 的村庄要求增加建设用地，新增村庄建设用地需求达 686.48 hm²[①]（番禺区村庄规划领导小组办公室，2013）。2012 年以后番禺区面临建设用地"透支"与城市化发展推进的矛盾。2012 年番禺区国土变更调查数据显示现状建设用地面积已达 233 km²，超出 2020 年"土规"建设用地 225 km² 的控制规模（番禺区城乡总体规划，2014—2030）。严格的建设用地指标管制也导致农村地区违建抢建现象频发。根据番禺区国土房管分局于 2013 年 6 月划定的村庄建设用地边界成果统计，番禺区 177 个行政村域范围内的村庄现状建设用地规模为 84.08 km²，而其中符合"三规合一"的用地仅有 71 km²，13.07 km² 的村庄现状建设用地处于无指标的违法状态（图 5-8）[②]。

2013 年番禺区城乡建设用地比重已占全域总面积的 44.9%，排全市第一，

---

① 其中，留用地达 222.04 hm²，新增分户、历史欠房 194.25 hm²，重点项目搬迁安置需求 24.75 hm²，新增村公共服务设施 27.86 hm²，新增村经济发展用地 217.58 hm²（来源：番禺区村庄布点规划，2013）。

② 来源：番禺区村庄规划现状摸查工作总结报告. 番禺区人民政府，2013。

被列为广州市全市唯一的建设用地减量区，城乡土地资源争夺日趋激烈。政府通过划定市级、区级重点发展平台，土地储备等方式固化政府控制的增量发展空间（图5-9）。2010—2017年，番禺区国有经营性建设用地供应年均仅26.34 hm²（表5-21）。在城乡建设用地指标总量约束背景下，国有建设用地指标的增加必须以存量低效的集体建设用地指标减量为前提，以补充国有土地一级市场供应的不足。尤其要盘活占工业用地总量约2/3的集体工业用地，使其容纳新的产业功能和城市公共服务。

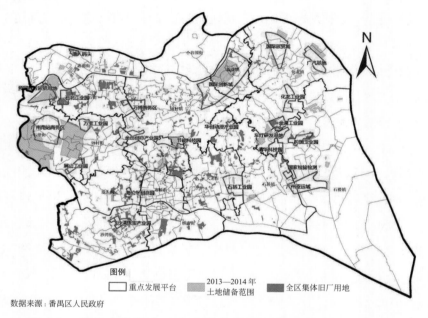

数据来源：番禺区人民政府

图 5-9　重点发展平台、土地储备范围与集体旧厂用地的叠合

表 5-21　2010—2017 年番禺区经营性建设用地供应计划

项目	2010年	2011年	2012年	2013年	2014年	2015年	2016年	2017年
宗数	5	6	5	5	7	5	5	6
面积 /m²	48.84	26.54	18.06	11.21	13.42	42.16	23.83	26.65

来源：2010—2017 年广州市供地蓝皮书 . 广州市国土规划委员会。

5.4.2 留用地欠账历史问题加剧城乡空间争夺

为缓解城市化过程中政府征收农地带来的社会矛盾，番禺区从 1992 年开始实施征地留用地制度。留用地制度本质上是通过对农民土地经济资产的赋予解决失地农民后续生活保障，表现在留用地开发经营所带来的长期经济效益和就业岗位。政策规定 [1] 按征地数额的 15%~20% 划拨给被征地村用于非农开发，发展集体经济，保障失地村民的收入。由于政策上对集体留用地指标落实时间、落实位置、开发强度、留用地用途缺乏明确规定，地方政府每年建设用地指标捉襟见肘，留用地落地充满不确定性，没有落地的留用地形成了所谓的"留用地指标欠账"。番禺区在 1992—2007 年共有 39 个村历史留用地欠账，面积达 178 hm²，占全市总留用地欠账面积的 19.2%[2]。2007 年以后，政府储备地和重点项目又产生了 121 个村的新增留用地 307 宗，合计 799 hm²。截至 2014 年年末，全区已取得指标核定书的留用地面积总共约 977 hm²，共有 835 hm² 留用地已办理规划选址或已获得规划证。尚有 50 个村、83 宗留用地因本村无符合"两规"的可选空地而未完全落实，面积约 142 hm²[3]。在 92 个村级工业园中，有 28 个村的留用地指标还未完全落地，面积约 76 hm²。

在留用地处置上，市、区政府与村集体存在利益冲突。上级政府希望留用地集中选址，以腾出空间进行重大项目建设。而村集体坚持留用地必须在被征用土地的村（或生产队）内落地，担心若留用地跨村整合使用，村集体经济组织会失去对留用地开发和收益的控制权（柏巍，2008）。为了减少留用地指标细碎化落地阻碍城市土地整合和大型项目落地的影响，政府一方面通过村级工业园改造抵扣留用地指标欠账；另一方面鼓励留用地货币化安置[4]。这些政策在实际操作中遭

---

[1] 来源：番禺县《关于加强土地管理规定的通知》，1992。
[2] 来源：《关于落实粤发〔2007〕14 号文中被征地农村集体留用地保障有关规定》和《广州市人大常委会关于落实农村土地征用留用地政策的决议》情况的报告。
[3] 来源：番禺区村级工业园改造规划.番禺区人民政府，2014。
[4] 2009 年 4 月 8 日，番禺区政府制定了实施《关于部分项目经济发展留用地货币补偿问题的意见》，将留用地货币补偿分为中西片区、东北片区、南部片区，每个片区根据实际制定具体补偿标准。其中，中部及西北片区为 700 元 /m²，东北片区为 570 元 /m²，南部片区为 540 元 /m²。

到了村民的强烈抵触。由于建设用地指标约束、留用地政策的中断^①及自上而下的规划管制导致本村往往难以找到合适的空间落地，留用地指标欠账落地进程缓慢。留用地欠账落地问题已经成为珠三角地方政府与村民土地利益冲突的焦点问题（Wong, 2015）。

在城市化快速发展的背景下，农民集体对土地的所有权和收益权价值意识更加坚定，村集体一方面固守村域内的集体旧工业、集体物业用地，想通过自行改造进行商业办公等经营性用途开发，提高土地出租收益；另一方面千方百计做大集体资产的物质空间，希望固化政府承诺的留用地发展空间。城乡间的土地资源争夺实质是对模糊的集体土地开发权及收益的争夺。城市政府对发展空间的诉求与农民集体对土地的固守形成了直接的利益冲突。

▶ 5.5 本章小结

番禺区是珠三角典型的农村工业化先发地区，长期以来经济发展重心在农村，而非城市，经过近30年的农村工业化发展后具有典型的半城市化特征。20世纪80年代，番禺农村以乡镇集体企业发展启动了农村就地工业化，随着社队集体企业的衰落，村集体将分散的集体建设用地通过股份化改制集中经营管理，集体经济逐步从办企业转向"种厂房、建物业"发展租赁经济。土地股份合作制的引入将村域内的土地股份量化，推动了集体土地从生产资料转变为非正式的经济资产，形成了集体建设用地低效蔓延式开发。

农民集体通过土地和物业租赁捕获了集体土地的土地租金差，土地和物业租赁收益分红占据了集体经济收入的"半壁江山"。村民对土地租金的索取严重依

---

① 1998年国家《土地管理法》的修订提出了对农用地转为建设用地用极其严格的审批制度进行管制。广州市人大于2000年正式废止了《广州市土地管理规定》，不再执行征用集体所有土地给予比例不等的农村经济发展留用地的政策。2005年，根据广东省《关于深入开展征地制度改革有关问题的通知》，广州市全面恢复征地安排留用地安置方式，并提升为社会保障措施。

赖于集体建设用地的不断供应，催生了大规模的农地转用违法行为。20 世纪 90 年代以后番禺形成了农村集体建设用地市场与城市国有建设用地市场并行的局面，集体工业用地的面积占到全区工业用地面积的 2/3 左右。集体建设用地的非法使用，加上先天的产权残缺，成为农村工业化后土地再开发的初始产权障碍。随着土地级差收益日益显著，农民收租阶级意识不仅被农村集体产权衍生的租金所形塑，稳定的集体分红和出租屋收入也"塑造"了农民集体吃租阶级（peasant rentier class）。2004 年以后在城镇建设用地指标控制约束下，城市与农村集体之间的土地资源争夺日益突出。留用地指标欠账、非合法用地确权、村庄建设用地超标等问题相互缠绕，加剧了城乡土地利益冲突。

第 6 章
三旧改造以来番禺区集体建设用地再开发的实施

　　番禺区作为广州市存量集体建设用地最多的近郊区之一，经历了农村工业化以后，以村级工业园为代表的集体建设用地再开发成为城市更新的重点领域。本章首先论述了番禺区集体建设用地再开发的规划与实施情况，进一步总结了三旧改造以来番禺区集体建设用地再开发的进展和特征；其次，分析了番禺区的集体建设用地再开发活动对土地产权制度变迁的响应；最后，从番禺区近年来的租赁经济正规化转向出发，探讨集体建设用地非正规使用对正式更新的影响。

▶ 6.1　集体建设用地再开发的规划与实施

6.1.1　集体建设用地再开发的规划

1.集体建设用地再开发的准备

集体建设用地若要享受三旧改造政策获得再开发，首先必须纳入政府建立的"三旧改造"图斑库；"三旧"改造图斑的确认有着严格的筛选程序（Ye，2011）。基于村集体自愿原则，首先是各村庄向镇街上报希望改造的集体旧厂房、村级工业园、旧村庄用地（即图斑），镇街汇总进行初审后提交区更新局，区更新局对图斑作甄别后上报市更新局图斑库（一般每年更新调整一次）。各村庄采取尽可能享受三旧政策的策略将辖区内的集体旧厂房上报，争取纳入三旧改造图斑库，享受历史用地确权、自行改造等政策优惠。纳入三旧改造图斑库的集体建设用地必须在 2007 年 6 月 30 日前建成或取得土地使用权。

纳入三旧改造图斑库的集体建设用地，政府组织编制全市范围的"旧厂房改造"专项规划，番禺区专门编制了村级工业园改造规划。接着村集体可组织村集体成员进行表决，如 2/3 以上的业主同意改造，则可启动三旧改造。无论是村集体自行实施改造，还是联合第三方开发商签订合作改造协议，改造项目都需要根据城市总体规划、土地利用规划、控制性详细规划等上位法制定规划，编制改造方案。将改造方案提交政府，审批通过后的 3 年内需要通过村民意见征询，获得村集体经济组织成员 80% 以上同意后，才能进入实质性改造程序（图 6-1）。补偿安置协议在项目实施方案批复后 3 年内仍未达到 80% 以上权属人签约比例的，项目实施方案应当重新报批（广州市旧村庄更新实施办法，2016）。

2012 年底，番禺区纳入三旧改造的旧村庄和集体旧厂房建设用地面积共79.48 km²，占全区村域总面积的 30.8%。其中集体旧厂房图斑有 1057 宗，共计22.97 km²，非合法用地比例达 70.4%。2014 年 11 月，广州市对三旧图斑进行了动态梳理，重点对改造可能性不大、未编制改造方案的集体土地图斑进行了删减，

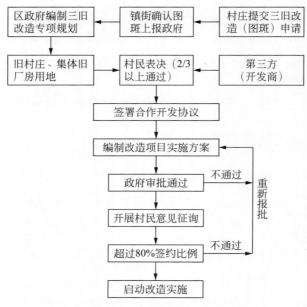

图 6-1　广州市三旧改造的流程

三旧图斑缩减至 60.62 km² （图 6-2）。通过对 2012 年和 2014 年的图斑动态调整可以发现，集体建设用地中旧村庄删减比例最大；集体旧厂房图斑仅少量删减，说明大多数集体旧厂房符合三旧改造的条件，但是集体旧厂房非合法用地比例仍达到 62.2% （表 6-1），村集体迫切希望通过三旧政策实现非合法用地的使用权合法化。

表 6-1　番禺区 2012 年、2014 年三旧改造图斑

项目	三旧图斑总面积 /km²	其中集体建设用地面积 /km²		集体旧厂房宗数 / 宗	集体旧厂房非合法用地面积及比例 /km²
		旧村庄	集体旧厂房		
2012 年 12 月图斑	107.83	56.51	22.97	1057	16.17 （70.4%）
2014 年 12 月图斑	60.62	19.98	19.32	877	12.02 （62.2%）
删减规模	47.21	36.53	3.65	180	4.15
删减比例	43.78%	64.64%	15.89%	17.03%	——

来源：根据番禺区城市更新局提供资料汇总。

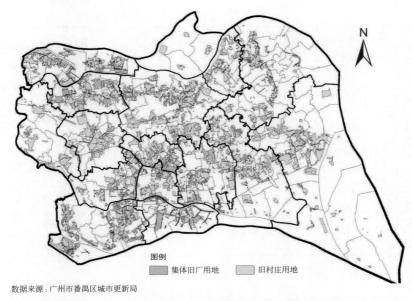

数据来源：广州市番禺区城市更新局

图 6-2 番禺区三旧改造的集体建设用地图斑（2014 年）

对于纳入三旧改造范围的集体建设用地图斑，各村庄可向政府申请非合法用地完善历史用地手续（即确权）。通过三旧改造实现非法用地的确权，对村集体很有吸引力。截至 2014 年底，番禺区上报申请完善历史用地手续一共 527 宗，总面积 28.5 km²，占三旧图斑总面积的 47.7%（表 6-2）。其中非合法的村级工业园用地共上报完善历史用地手续 5.9 km²，占集体旧厂房非合法用地的 49%。

表 6-2 各镇街上报的完善历史用地手续面积

镇街	完善集体建设用地手续的地块 / 宗	完善征收手续的地块 / 宗	上报总面积 /hm²
钟村街	255	0	255
新造镇	78	1	79
石楼镇	188	13	201
石碁镇	359	4	363
石壁街	144	1	145
沙湾街	96	14	110
沙头街	235	0	235

镇街	完善集体建设用地手续的地块 / 宗	完善征收手续的地块 / 宗	上报总面积 /hm²
桥南街	59	0	59
南村镇	335	0	335
东环街	157	7	164
大石街	209	0	209
大龙街	182	2	184
洛浦街	233	0	233
化龙镇	232	3	235
市桥街	88	1	89
汇总	2850	46	2896

来源：番禺区城市更新局，2014。

2. 集体建设用地再开发的目标

2008 年以来，番禺区房地产供应持续上升，呈现供大于求的局面。截至 2013 年末，番禺区住宅施工面积和商品房销售面积之差已超过 400 万 m²（番禺区统计年鉴，2008—2014 年）。2013—2015 年第一季度，番禺区的大型购物中心的平均空置率超出广州市平均水平约 10 个百分点（高力国际，2015）[①]。三旧改造必须避免大规模的房地产开发，以配合番禺区的去库存目标[②]。

番禺区试图通过村级工业园发展都市型的先进制造业和高新科技产业（地铁站点周边的除外），鼓励"工改工（科）"、控制"工改商"、严控"工改住"，以避免三旧改造加剧商品住房和经营性物业的过剩。2013 年，番禺区鼓励具有合法用地手续、连片占地面积 50 亩以上的村级工业园，在控规为工业用地性质的情况下，以村集体自行改造或以土地使用权作价入股方式引入开发商，升级改造发展工业和新兴产业，建成具有一定规模的工业集聚园[③]。政府给予投资方补

---

① 来源：高力国际网站。
② 2016 年，番禺区商品房库存已达 447 万 m²，广州市供给侧结构性改革总体方案（2016—2018 年）提出三年间番禺区的去库存目标是 36.23 万 m²，占到全市的 1/5。
③ 来源：《鼓励村级工业园转型升级实施办法》（番府〔2013〕183 号）。

贴[①]，并支持村集体申请将规划容积率调高。

番禺区专门制定了 92 个 50 亩以上村级工业园的改造规划，希望通过改造提升先进制造业、科研创意产业的用地比例，争取在 2020 年以前实施首批改造项目 18 个，形成高标准的工业科研建筑面积 300 万～500 万 m^2。根据规划，92 个村级工业园改造后工业（科研）用地总量将占 46.1%，商业和居住比例总和为 32.3%，将向政府移交土地 1063 hm^2（用于道路、市政公服用地和绿地），集体建设用地的减量比例达 52.9%，完善历史用地手续用地面积达 590 hm^2（表 6-3）。

表 6-3　番禺区村级工业园改造的功能规划

改造功能	个数 / 个	面积 /hm^2	占比 /%
工改工（科）	28	925.7	46.1
工改商	35	621.7	30.9
工改公配	1	3.33	0.2
工改居	4	28.25	1.4
工改混	14	306.51	15.2
复绿腾挪指标	10	124.62	6.2
汇总	92	2010.11	100

来源：番禺区村级工业园改造规划. 番禺区城市更新局，2014。

6.1.2　集体建设用地再开发的实施

2009—2020 年，根据改造权归属，广州市集体建设用地再开发整体分为两个阶段。在这两个阶段内，地方政府对土地开发权的归属、土地利益分享比例等进行了调整。

---

① 村级工业园升级改造投资强度达到每亩 300 万元、纳税达到或超过每年每亩 20 万元的，区财政按园区实际改造面积对村集体给予补贴，最高不超过 400 万元，其中 100 亩以内部分按 2 万元 / 亩补贴，此后每增加 1 亩按 1 万元 / 亩补贴。在 5 年内，每年根据园区内企业对本区经济社会发展的实际贡献情况，区财政按企业当年新增贡献额的 60% 奖励给村集体。

1. 政府主导改造权阶段（2009—2015 年）

1）控制集体旧厂房自行改造的渠道

考虑到集体旧厂房、旧村庄短期内由村集体自行改造将对国有土地一级市场和城市经营性物业市场形成冲击，2015 年以前，集体旧厂房自行改造受到政府严格控制。2012 年广州市《关于加快推进"三旧"改造工作的补充意见》（穗府〔2012〕20 号）强化了政府的规划引导和对项目选择的主导，收缩了村集体自行改造的通道，提高了旧村改造集体成员对改造方案的同意率（80%～90%），加强了重点功能区块土地优先储备和整体开发。位于旧城区、重点功能区的核心发展区、重点生态敏感地区，地铁、城际铁路站点周边 800 m 范围内等区域内的集体旧厂房由政府依法收回、收购土地使用权，优先用于市政配套设施。未纳入政府储备用地或位于全市重点地区规划控制范围外的改造项目（商品住宅除外），经纳入年度实施计划后可由土地权属人自行改造。

此外，出于对集体建设用地市场发育的控制，政府对非合法用地完善历史用地手续颇为谨慎[①]。番禺区上报申请完善历史用地手续一共 527 宗，截至 2012 年市政府仅批了 2 宗（番禺区城市更新局，2014）。2012—2015 年，广州市暂停了完善历史用地手续报批工作，直到 2016 年《广州市城市更新办法》出台后才重新启动[②]。确权工作的停滞导致集体旧厂房难以实施自行改造。

2）鼓励集体旧厂房与旧村庄捆绑改造

根据广州市城市更新对集体旧厂房改造的分类实施，集体旧厂房改造可以单独改造，也可以与旧村居整体捆绑改造。单独改造的成规模集体旧厂房改造项目一般称为村级工业园改造。对于集体旧厂房与旧村居捆绑改造，由于村民产权主体分散，土地和社会历史遗留问题复杂，协商成本高昂；旧村改造赔付成本高，再开发融资压力大，高密度的城中村拆建比高，并不是所有的旧村都具备改造的

---

① 非合法的集体土地确权将强化农民的土地权利，增强三旧改造中村集体与政府利益博弈的话语权和土地的把持能力；集体土地流入市场将与国有土地市场形成显性的竞争关系。

② 2016 年以后，截至 2017 年 5 月，政府优先对符合产业发展门类的 17 个三旧改造完善历史用地手续项目上报省政府审批。

条件（杨廉，2012）；整村改造难度显著高于集体旧厂房单独改造。集体旧厂房单独改造的交易对象为村集体经济组织，且集体旧厂房单独改造的容积率普遍较低，相比旧村改造容易，村集体期望集体旧厂房先行改造以提高村级租金收入。考虑到集体旧厂房单独改造后会剩下旧村居，难以平衡改造容积率和地价，从城市整体利益出发，2012 年以后，广州市三旧改造行政审批部门鼓励集体旧厂房与旧村居同步捆绑改造以摊低旧村居的现状容积率，不再审批单宗的集体旧厂房改造。2009—2015 年，番禺区旧村庄改造仅实施了 1 宗，基本处于停滞状态，抑制了集体旧厂房的改造。

2. 村集体掌握改造权阶段（2016—2020 年）

2015 年，广州市出台了《广州市旧厂房更新实施办法》。为推动改造难度最大的集体旧厂房和旧村庄改造，新的更新政策放宽了集体土地上的旧厂房和物业先行改造的条件与途径，进一步扩大了村集体的受益空间，对违法用地改造划定了明确的利益分配方案。

1）实施微改造降低改造的难度

2016 年以后，政府允许实施集体旧厂房微改造。所谓微改造指旧厂房保留建筑物的原主体结构，在维持现状建设格局基本不变的前提下，通过整治修缮或局部改造的方式改变部分或全部建筑物的使用功能，并完善公共配套。微改造不涉及产权人和土地产权的改变，投资规模小，周期较短，改造阻力比全面改造小得多。而全面改造以拆除重建为主的方式进行，涉及面广，拆迁补偿安置难，推进的时间周期长（表 6-4）。微改造方式正规化了三旧改造之前的临时性更新，可以享受三旧改造完善历史用地手续、集体土地用途转换、村集体实施自行改造的政策。通过审批的微改造项目可通过补交地价，改变土地使用性质。2017 年的6 号文明确了集体旧厂房微改造功能转性的地价计收规则[1]，低比例的土地出让金

---

[1]（1）改造前后用途均为工业用途的，按补办土地有偿使用手续时工业用途市场评估地价的 40% 计收土地出让金；（2）改造后科研类产业项目可按照相应地段办公用途市场评估地价的 20% 计收土地出让金；（3）其余商务类产业项目原自有部分可按照办公用途市场评估地价的 40%、增容部分按 70% 计收土地出让金。

计收降低了用地企业改造的资金压力（岑迪 等，2017）。

表 6-4　集体旧厂房更新的实施方式

实施方式	全面改造	微改造
土地产权处置	通过征收、协议出让等方式变更产权，或保留集体产权	集体产权不变，权属单位不变
土地使用性质	转变，大部分改为经营性用途	可以转变，也可以保留
规划管制	符合规划，完善公共配套	符合规划，完善公共配套
周期与成效	投资大，回报周期长，补偿成本高	协商成本小，投资少，见效快
改造方式	拆除重建为主	局部拆除、功能置换、整治修缮等方式

2）鼓励村级工业园先行改造

用地行为发生在 1987 年 1 月 1 日以后，2007 年 6 月 30 日之前的集体旧厂房，在不影响整村改造的经济平衡及后续更新改造的前提下[①]允许其先行改造，并同步进行整村整治，集体旧厂房用地产权可维持集体所有。政策鼓励 150 亩以上、村社同意由区政府统一招商、用于产业发展的成片连片集体旧厂房、村级工业园先行自行改造；用地面积低于 150 亩、不纳入近期旧村全面改造和微改造的集体旧厂房、村级工业园，在完善历史用地手续的情况下通过抵扣留用地指标、向政府无偿移交一定比例的经营性物业面积，也可先行改造，但必须以抵扣留用地指标或向政府移交土地为前提。村级工业园改造可由村集体自筹资金自行改造或采取村集体以土地使用权作价入股或其他方式引入开发商进行合作开发。

根据番禺区的城乡更新近期计划，全区 177 个村庄中有 35 个旧村居纳入近期改造计划，占全区的 19.8%，这些村的集体物业和旧厂房必须与旧村居整体改造，不能先行改造。据统计，150 亩以上的村级工业园有 73 个，从纳入三旧改

---

① 《广州市城市更新办法》（2016）规定对于未纳入近期及中期全面改造计划的旧村庄改造范围内的集体旧厂房先行改造，必须先进行全村范围内的规划建设统筹，明确村集体复建安置用地、经济发展用地、公益设施配套用地和融资用地及政府储备用地。

造集体旧厂的图斑来看，共有 34 个集体旧厂图斑面积超过 150 亩。这些集体建设用地扣除近期改造计划旧村内的集体建设用地，剩余的则可以先行改造，大致面积约 16 km²（即图 6-3 中的深色图斑扣除阴影区内的图斑）。

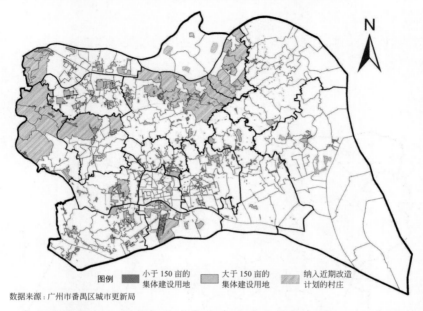

数据来源：广州市番禺区城市更新局

图 6-3　番禺区符合先行改造条件的集体建设用地（深色图斑，不含近期改造村庄部分）

2019 年以后，广州市对村级工业园开展分类改造，按照淘汰关停、功能转换、改造提升三类，推进产业集聚和园区集中片区发展。在番禺区 92 个成规模村级工业园中，有 15 个村级工业园位于工业区块以内（6 个全部在区块内，9 个部分在区块内），总面积 205.07 hm²，占村级工业园总面积的 10.2%（图 6-4）。番禺区计划 2019—2021 年 3 年内实施村级工业园整治提升 6.26 km²，占总量面积的 25%[①]。

综上所述，集体建设用地再开发总体分为两个阶段：第一阶段由政府主导改造权，由于政府控制了集体旧厂房自行改造的渠道，停滞历史违法用地确权，土

---

① 来源：广州市工业和信息化局.广州市村级工业园整治提升三年行动计划（2019—2021 年）[R].2019.

地开发权仍然掌握在政府手中。集体旧厂房与旧村庄捆绑改造,旧村改不动,旧厂改造也受限制。2016 年以后的第二阶段,集体旧厂房改造权转向村集体,集体旧厂房改造从单宗改造转向成片的村级工业园改造。政府降低了土地再开发的产权门槛,明晰了违法用地参与改造的土地利益分配,提供了交易成本和经济成本较低的微改造模式,允许成规模的村级工业园可以先行改造,推动了再开发进程(表 6-5)。

数据来源:广州市人民政府

图 6-4 番禺区村级工业园和工业区块的空间关系

表 6-5 番禺区集体旧厂房改造的方式和产权变迁

时间	改造方式	土地再开发的产权制度	改造情况
2009 年之前	临时性改造	无法获得合法的集体产权	违法改造现象严重
2009—2015 年	村集体自行改造受控	政府把控土地开发权	改造停滞
2016—2020 年	保留集体产权、自行改造	土地开发权赋权给村集体	改造出现进展

▶ 6.2 集体建设用地再开发的进展、特征与制度响应

6.2.1 集体建设用地再开发的进展

1. 计划实施项目

根据调研获得的数据,2009—2017年的8年间,番禺区共有31个集体旧厂房、村级工业园纳入三旧改造年度计划,总面积达542.36 hm²,占到纳入三旧图斑的集体旧厂房面积的28.1%(图6-5)。

数据来源:广州市番禺区城市更新局

图6-5 番禺区集体建设用地实施三旧改造项目空间分布(2009—2017年)

2009—2015年在政府主导的集体旧厂房阶段,番禺区集体旧厂房用地改造几乎处于停滞状态,只有LQ村集体旧厂房用地、LX村集体旧厂房用地、DJ村集体旧厂房用地3个项目实施了再开发,改造总面积仅占集体旧厂房图斑的1.1%。2016年集体土地再开发政策放开之后,加快了改造的步伐,仅2016年和2017年两年,就新增了28宗项目纳入改造计划,改造总量占集体旧厂房图斑面积的28.1%(表6-6)。

表 6-6   2009—2017 年改造项目的进展与分类

时期	计划改造宗数 /宗	单独改造的村级工业园		纳入整村改造的集体旧厂房		改造总面积占集体旧厂房图斑比例 /%
		宗数 /宗	面积 /km²	宗数 /宗	面积 /km²	
2009—2015 年	3	2	16.96	1	3.63	1.1
2016—2017 年	28	8	157.40	20	364.37	27.0
合计	31	10	174.36	21	368.00	28.1

从改造类型来看，由于村级工业园单独改造受到政府改造计划（是否纳入近期改造计划）的约束，单独改造的村级工业园项目仅占 1/3，共 10 宗，改造面积占计划实施项目总量的 32%，占村级工业园面积总量的 8%。与旧村统筹整体改造的集体旧厂房项目有 21 宗，改造面积占计划实施项目总量的 68%。2015 年之后，由于微改造的出现，根据"一村一策"的改造原则[①]，整村改造项目大量出现。除 DJ 村以外，2015 年以后还没有实施完成的整村改造项目，但 2016 年三旧改造产权制度调整推动了集体建设用地再开发。表 6-7 显示了 31 个计划实施改造项目的基本情况，其中南村镇（6 个）、桥南街（4 个）、石壁街（4 个）、小谷围街（4 个）等经济发达的镇街改造项目最多。

表 6-7   2009—2017 年集体建设用地再开发进展汇总

项目编号	项目名称	用地面积 /hm²	改造功能变化	改造方式	实施进展
2009—2015 年政府主导的集体旧厂房改造阶段					
1	DJ 村统筹整体改造	3.63	工改商	全面改造	实施完毕
2	LQ 村集体旧厂房	9.40	工改商	全面改造	实施完毕
3	LX 村集体旧厂房一期	7.56	工改商	微改造	实施完毕
2016—2017 年村集体主导的村级工业园改造阶段					
3	LX 村集体旧厂房二期	6.04	工改商	微改造	正在实施
4	NP 村村级工业园	32.77	工改工	全面改造	正在实施
5	CH 村村级工业园	22.32	工改居 工改商	全面改造	正在实施

① 详见《关于完善"农转居"和"城中村"改造有关政策问题的意见（摘选）》（穗办〔2008〕10 号）。

项目编号	项目名称	用地面积/hm²	改造功能变化	改造方式	实施进展
6	TX 村统筹整体改造	0.04	工改商	全面改造	正在实施
7	SGD 村统筹整体改造	30.99	工改商	全面改造	正在实施
8	ZB 村统筹整体改造	3.86	工改商	微改造	正在实施
9	XC 村村级工业园	28.53	工改商	微改造	协商状态
10	CY 村村级工业园	6.86	工改商	微改造	协商状态
11	SK 村村级工业园	17.00	工改商	全面改造	协商状态
12	DL 村村级工业园	13.80	工改工	全面改造	协商状态
13	DS 村村级工业园	7.77	工改商	全面改造	协商状态
14	TBD 村村级工业园	22.31	工改商	全面改造	协商状态
15	SB1 村统筹整体改造	55.65	工改商	全面改造	协商状态
16	SB2 村统筹整体改造	3.04		全面改造	协商状态
17	SB3 村统筹整体改造	6.69		全面改造	协商状态
18	SB4 村统筹整体改造	36.10		全面改造	协商状态
19	NJ 村统筹整体改造	10.68	工改商工改居	全面改造	协商状态
20	CC 村统筹整体改造	9.24		全面改造	协商状态
21	XC 村统筹整体改造	20.28		全面改造	协商状态
22	NC 村统筹整体改造	71.13	工改商工改居	全面改造	协商状态
23	GT 村统筹整体改造	24.05	工改商	全面改造	协商状态
24	YG 村统筹整体改造	9.91	工改商	全面改造	协商状态
25	XJ 村统筹整体改造	7.06	工改商	全面改造	协商状态
26	SX 村统筹整体改造	49.21	工改商	全面改造	协商状态
27	FC 村统筹整体改造	26.00	工改工	全面改造	协商状态
28	BT 村统筹整体改造	0.12	商业升级	微改造	协商状态
29	NT 村统筹整体改造	0.10		微改造	协商状态
30	BG 村统筹整体改造	0.05		微改造	协商状态
31	SS 村统筹整体改造	0.17		微改造	协商状态

来源：根据番禺区城市更新三年行动计划，广州市 2016 年和 2017 年城市更新项目计划整理汇总。

注：LX 村集体旧厂房改造分为两期，统计时当作一个项目。

2. 项目实施进程

从改造实施的情况来看，31个计划改造项目中进入实质性实施程序（即通过村民代表会议表决通过）的项目仅8宗（其中实施完毕的有3宗），总面积116.61 hm²，占三旧集体旧厂图斑的6%；其余23个项目处于利益博弈的协商阶段（表6-8，图6-6）。总体来看，集体建设用地实施进度缓慢，进入实施状态的面积仅占总面积的6.04%。

表6–8　31个计划实施项目的实施进展情况

项目实施进展	宗数/宗	面积/hm²
进入实施程序	8（0.91%）	116.61（6.04%）
处于博弈状态	23（2.62%）	425.75（22.04%）
尚未有改造计划	846（96.47%）	1389.64（71.93%）

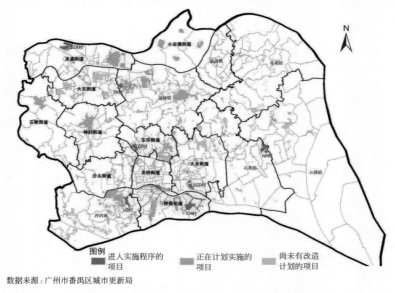

数据来源：广州市番禺区城市更新局

图6-6　31个集体建设用地再开发项目的实施进展

8个已经实施的项目包括4个整村改造项目（DJ村统筹整体改造、TX村统筹整体改造、SGD村统筹整体改造、ZB村统筹整体改造）和4个单独改造的村级工业园/集体旧厂房项目（LQ村集体旧厂房，LX村集体旧厂房，NP村村级工业园，CH 村村级工业园）。从改造批复到改造完毕的过程需要经历多个建设审批管理程序，截至 2017 年底，只有 LQ 村集体旧厂房用地改造的荔园新天地项目、LX 村村级工业园改造的渔人码头（一期）、DJ 村 S 地块改造的商品住宅 - 融穗澜湾楼盘实施完毕，这 3 个项目都于 2015 年之前就已获得批复开始实施，其余 5 个批复的改造项目都处在实施阶段。

剩余 23 个项目仍处在政府、开发商与村集体的利益博弈协商的焦灼阶段。石壁街的 SB1~4 村，南村镇的 TBX 村，桥南街的 NJ 村、CC 村、XC 村，市桥街的 DS 村，大龙街的 SGD 村从 2014 年起进入改造策划阶段，相继取得村集体股民同意按照三旧改造政策实施改造，但截至 2017 年末仍处在改造方案调整和村民意见征询阶段，还未取得三旧改造批复。2014 年 6 月启动立项的番禺区重点项目南大干线沿线 11 个村的成片改造，由于涉及业权人多，土地增值区域平衡难度大，进展缓慢；经过 2 年多的协商谈判，截至 2016 年只有 GT 村、YG 村和 XJ 村 3 个村获得 2/3 以上村民同意集体旧厂房升级改造，向番禺区城市更新局提出改造申请函，其余 8 个村都无法达成对改造方案的认同，因而放弃改造。DL 村菁山工业园在 2015 年就已经被列入广州市旧厂房更新年度实施计划，但是由于部分厂房还未到期，工改工项目土地租金差较小难以吸引开发商的资金投入，改造进程缓慢，截至 2017 年上半年仍处于停滞状态。种种原因，导致三旧改造实施缓慢。

在 31 个纳入年度计划改造的项目中，微改造项目只占 8 个。进入实施程序的 8 个改造项目中，只有 2 个项目用了微改造。虽然微改造从产权交易成本和投资成本等方面降低了改造的难度，但是在集体土地产权残缺、难以融资抵押的情况下，无论是采用市场合作改造还是村集体自行改造，改造主体仍然面临巨大的融资压力。此外，大多数村民希望通过一次性彻底的改造新建高档次的物业，提高园区土地租赁的吸引力，对于微改造缺乏理性的认知。种种原因导致集体旧厂房的微更新实施效果难以达到政策预期，在改造项目中全面改造仍然占据主导。

6.2.2 集体建设用地再开发的特征

在 31 个计划实施项目中，由于大部分改造项目到 2017 年为止仍处在规划编制和调整阶段，难以得到完整的改造前后的相关土地使用数据（附录 A，附录 B）。在 31 个计划实施改造项目中，笔者共搜集到其中 18 个数据完整的村级工业园改造方案和部分旧村庄改造方案。因此，根据比对这 18 个改造项目改造前和改造方案的土地使用情况，进而分析集体建设用地再开发的土地使用特征（表 6-9）。

表 6-9　18 个集体建设用地再开发项目改造前和改造方案的土地使用情况

项目编号	改造村庄	改造前土地使用			改造方案的土地使用			集体物业容积率	
		总面积 /hm²	集体土地面积 /hm²	不合法用地 /hm²	集体土地面积 /hm²	转国有土地面积 /hm²	市政基础设施与公共设施用地 /hm²	改造前	改造后
1	DJ	3.63	0.27	0.12	0.33	2.07	1.23	0.77	1.78
2	LQ	9.40	9.40	1.22	6.52	0	2.88	1.36	3.20
3	LX	13.60	10.62	1.24	10.61	0.30	2.69	0.89	1.44
4	NP	32.77	30.93	31.53	13.53	8.07	11.17	0.44	2.30
5	CH	22.32	20.93	17.89	19.15	0.75	2.42	0.80	2.29
6	TX	0.04	0.04	0.03	0	0.04	0	—	1.94
7	SGD	30.99	30.33	24.70	27.82	0	3.17	0.32	—
8	ZB	3.86	3.83	2.24	2.56	0	1.30	0.52	1.83
9	XC	28.53	27.73	18.14	20.69	1.72	6.12	1.79	3.18
10	CY	6.86	6.86	2.11	3.65	0	3.21	0.14	—
11	SK	17.00	14.21	7.85	11.90	0	5.10	0.69	—
12	DL	13.80	13.68	13.32	10.35	0	3.45	0.76	2.60
13	DS	7.77	7.18	2.42	4.43	3.03	0.31	1.00	2.91

项目编号	改造村庄	改造前土地使用			改造方案的土地使用			集体物业容积率	
		总面积 /hm²	集体土地面积 /hm²	不合法用地 /hm²	集体土地面积 /hm²	转国有土地面积 /hm²	市政基础设施与公共设施用地 /hm²	改造前	改造后
14	TD	22.31	22.31	5.71	11.90	1.07	9.34	1.41	2.68
22	NC	11.54	9.78	1.13	5.87	0	5.67	0.18	3.36
23	GT	24.05	23.23	12.26	7.73	12.42	3.90	0.71	3.52
24	YG	9.91	9.91	8.08	3.12	5.87	0.92	0.17	4.25
25	XJ	7.06	5.94	7.06	2.21	4.53	0.32	1.53	3.16
汇总		265.44	247.18	157.05	162.37（61.2%）	39.87（15%）	63.20（23.8%）	—	—

注：部分改造项目数据查阅不到，用"—"表示。

汇总发现，集体建设用地从改造前的 247.18 hm² 降到了改造后的 162.37 hm²，集体土地的占比从 93.1% 降到了 61.2%。通过改造无偿向政府移交了 63.2 hm² 的土地用于公共设施和市政基础设施建设，占到总用地的 23.8%，为高品质的城市空间改造提供了基础保障。另有 15% 的用地转为国有土地或作为融资地块出让入市。改造前改造项目的土地不合法比例达 59%，改造后不完全统计至少有 50.39 hm² 的用地完善了历史用地手续得以合法化。18 个改造项目的集体土地平均容积率从改造前的 0.82 提升到改造后的 2.2，开发强度明显提升。整村改造的村庄为了在有限的融资地块内实现融资平衡，会相应压缩复建集体物业的用地面积，这类复建集体物业的容积率增长幅度普遍较大。

通过改造获得土地租金是土地原业主和实施主体参与改造的动力。31 个改造项目中，除了 NP、FC、DL 三个"工改工"项目以外，有 28 个项目都是"工改商"或"工改居"，呈现显著的房地产开发导向，没有实现村级工业园规划中"工改工"的改造目标。为了实现村级工业园改造后土地增值收益能够满足原集体业主租金不下降的需求和投资商的预期利润，土地工业用途转变带来的土地级差收益成为改造项目经济平衡的关键（郭炎 等，2016）。"工改工"项目土地租金回报远不及商服类产业提升项目，调整容积率的空间不大，回报周期长，市场缺乏投资动力；从工业企业发展来讲，"工改工"还面临产业和员工在停产改造空档期流失的可能，需要扩大产能的企业在农村工业点集中政策的鼓励下都将企业迁入了基础设施配套完备的市属或区属工业集聚区。严格来讲，NP、FC、DL 三个村的工改工项目并非是单纯的"工改工"，而是基本都配套了部分商业综合体，以"工业产业社区"的形式开发以平衡融资地价。如 NP 村改造致力于打造融合工业、商业、服务业、旅游文化业为一体的红木小镇，规划产业建设量占总建设量的 34.3%，其余都为商业办公等经营性物业①。获取"工改商"的土地租金差仍是各方参与村级工业园改造的根本动力。

6.2.3　改造项目对土地产权制度变迁的响应

通过搜集各改造项目方案的策划文本发现，大多数改造项目都是在市政基础设施建设、产业转型升级和政府项目开发推动下形成的②（表6-10）。例如，市桥滨水道路长堤东路的拓宽推动了 DJ 村的整村改造（项目1）；番禺区北部的东向西城市交通主动脉——南大干线的建设推动了南村段 11 个村的改造（项目22）。产业升级类项目如 NP 村的红木产业（项目4）、LX 村的观光游览业（项目3）、CH 村的健康产业（项目5）、ZB 村和 FC 村的珠宝产业（项目8，项目27）、DL 村的旅游产业（项目12）的升级推动了村级工业园的改造。另有部分项目是由政府重点项目开发所推动，如南村镇的 TX 和 TD 两个村庄位于广州市的战略性发展平台——万博城区域，政府主导的万博城地区成片改造推动了村庄拆除。政府项目保证了改造区域升值，政府信用对于开发商投资改造的信心至关重要。

---

① 根据 NP 村旧村改造项目策划方案，旧村更新改造范围规划总建设量 128.37 万 m²，规划产业建设量约 44 万 m²，其中红木产业占 60%，相关产业占 29%，配套产业占 11%。
② 产业转型是村级工业园改造不可忽视的因素。自 2015 年以来，番禺区产业发展方向开始转向以科技创新、时尚创意为主的现代服务业，以数字家庭、新材料、生物医药为主的都市型工业及以珠宝首饰、灯光音响、红木家具为主的传统特色产业（来源：广州市番禺区城乡更新总体规划，2015）。

表 6-10　31 个计划改造项目的改造契机分析

项目序号	项目名称	改造契机
市政基础设施建设推动（8 项）		
1	DJ 村统筹整体改造	长堤东路拓宽和何贤医院改扩建
3	LX 村集体旧厂房一期	"退二进三"时期承接黄沙水产市场，建设国际水产交易中心，后再次开发为渔人码头
9	XC 村级工业园	地铁 7 号线钟村站建设运营带动地铁上盖谢村工业园改造，南站二期土地储备推动谢村留用地落地
22	NC 村统筹整体改造	南大干线和轨道 7 号线南村站建设
23	GT 村统筹整体改造	番禺东西向主干路——南大干线建设
24	YG 村统筹整体改造	
25	XJ 村统筹整体改造	
26	SX 村统筹整体改造	地铁 18 号线沙溪站建设
产业升级推动（12 项）		
4	NP 村村级工业园	石基镇市莲路两侧形成以广州市首条红木产业带，南浦村作为岭南特色的红木小镇起步区
5	CH 村村级工业园	依托自然风光，打造桥南智慧健康产业基地——颐养健康小镇
7	SGD 村统筹整体改造	番禺区最大的市场——清河市场转型升级
8	ZB 村统筹整体改造	配合大罗塘珠宝城，发展珠宝创意孵化基地及产业服务中心
10	CY 村村级工业园	发展动漫产业
11	SK 村村级工业园	发展文化旅游小镇
12	DL 村村级工业园	更新改造建成创新科技园区，发展旅游手工业，为古村旅游提供部分商业配套
13	DS 村村级工业园	改造为珠宝批发集散区
19	NJ 村统筹整体改造	桥南智慧健康产业基地
20	CC 村统筹整体改造	
21	XC 村统筹整体改造	
27	FC 村统筹整体改造	依托广州市威乐珠宝产业园发展珠宝加工制造和零售业

项目序号	项目名称	改造契机
	政府重点项目开发推动（11项）	
2	LQ 村集体旧厂房	沙湾镇重点旅游项目
6	TX 村统筹整体改造	广州市"三个重大突破"的重点项目，番禺
14	TD 村村级工业园	区的战略性发展平台——万博城
15~18	SB1~4 村统筹整体改造	广州市南站商务区
28~31	BT 村、NT 村、BG 村、SS 村统筹整体改造	大学城环境品质整治

来源：笔者根据各改造项目方案汇总。

交通基础设施建设对改造推动有显著作用。部分改造项目直接因为轨道交通站点开发而推动，如 YG 村、XC 村、LQ 村、NC 村、GT 村、TX 村的集体旧厂房改造（表 6-11）。将改造项目与现有的 4 条轨道线服务范围叠加，可以看出大部分改造项目位于轨道交通站点 500~2000 m（图 6-7）。番禺区的案例也证实了 Lai et al.（2016）的结论，良好的交通区位有助于推动集体旧厂房改造。总体而言，政府主导的城市开发带来的土地空间增值效应是改造项目实施的动力和保障。自上而下的三旧改造在没有政府的支持下难以实施。

表 6-11　轨道站点 2 km 服务区内的改造项目

轨道线	2 km 半径辐射范围内的改造项目
轨道交通 2 号线	LX 村、SB1~4 村
轨道交通 3 号线	DJ 村、DS 村、ZB 村
轨道交通 4 号线	NP 村、BG 村、SS 村、BT 村、NT 村
轨道交通 7 号线	XC 村、YG 村、GT 村、XJ 村 NC 村、TX 村、TD 村
轨道交通 18 号线（在建）	LQ 村、SX 村

为了探究纳入改造计划的集体建设用地改造项目对土地产权制度变迁的响应，进一步对改造项目的土地区位环境、集体租赁经济效益进行分析，选取广州市房地产租赁管理所公布的 2015 年全市房屋租金参考价[①] 来衡量土地租金价值。

---

① 来源：广州市房地产租赁管理所 .2015 年广州市房屋租金参考价 [Z].2016.

图 6-7　已建轨道交通服务范围与改造项目的叠合

该数据通过对番禺区各镇街的不同区域、村庄的集体商业用房租金摸查得出，可以反映各村庄的土地租金价值；将正在实施（策划）的集体建设用地项目与之叠加（图 6-8）。改造项目总体来说集聚在集体商业用地租金较高的区域，但是并非所有改造项目都位于土地租金较高的区域。如南部的桥南街虽然土地租金并不高，但由于靠近区政府驻地市桥城区，且生态环境良好，加之部分村级工业园和旧村居在番禺区生态控制线之内，需要分期腾退出超过 50% 土地用于绿地、道路和生态复垦，NJ、CC、XC、CH 等村正在策划改造发展智慧健康产业。特色产业发展便于引入开发商的资金，而缺少地方产业特色、周边没有大型市政投资形成潜在租金的破败的村级工业园，在土地制度不完善的情况下难以吸引资本的进入。此外，土地租金高的村庄，集体物业改造也未必能够推动。由于物业租金较高，村集体对租赁经济形成依赖，不愿冒风险获得更高的收益（郭炎 等，2016）。如 KT 村是南村镇土地租金最高的村。由于区位较好，KT 村村集体 95% 的集体经济项目用地都已直接出租给企业建厂。广明高速、南沙港快速的通车带来的土地增值进一步加剧了村集体对土地的固守经营，导致改造计划久久难以实施。

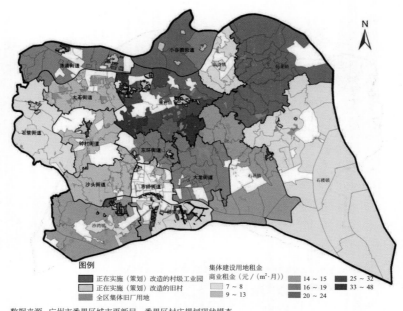

图例

正在实施（策划）改造的村级工业园
正在实施（策划）改造的旧村
全区集体旧厂用地

集体建设用地租金
商业租金（元/（m²·月））
7～8
9～13
14～15
16～19
20～24
25～32
33～48

数据来源：广州市番禺区城市更新局，番禺区村庄规划现状摸查

图 6-8　正在实施（策划）的集体建设用地项目与集体土地商业租金的关系
注：白色的区块为已经国有化的社区居委会行政区域及部分缺失数据的村域

　　同时，选取番禺区 2013 年村庄规划对各村的集体经济项目总量和收益的数据，得出各村集体经济项目单位用地的收益情况。经过图斑叠加发现（图 6-9），改造项目与村庄集体经济收益并无显著的关联。XJ 村、YG 村、NC 村、DL 村、CH 村等集体经济较低的村庄进入了改造计划，反映出这类村庄村民有迫切的改善集体经济分红的愿望。在集体经济收益密度较高的区域，集体土地仍由农民集体把持，如大石街的 LC 村、南村镇的 LRD 村，虽然集体建设用地稀少，但由于土地区位优势带来较高的土地租金收益，村民仅希望通过物质性的改造（微改造）提高租金，而不愿意将土地流转出去，或者是转为国有获得更高的土地收益。小谷围街广州市大学城周边的 4 个城中村原本希望通过集体物业微改造，将不合法的用地合法化，并改善业态、提高物业租金，但整村拆除迟迟难以推动，因为村社短视的集体资产经营模式阻碍了土地优化使用。总体来说，城市化程度高、靠近城区和城市重点片区的村庄，更容易进入改造流程，31 个改造项目中有 26 个项目位于土地经济区较好的城中村，占比 83.8%（图 6-10）。

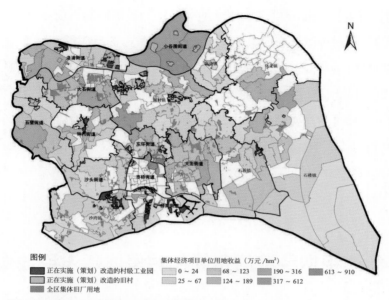

图例

正在实施（策划）改造的村级工业园　　集体经济项目单位用地收益（万元/hm²）

正在实施（策划）改造的旧村　　□ 0~24　□ 68~123　■ 190~316　■ 613~910

全区集体旧厂用地　　□ 25~67　□ 124~189　■ 317~612

数据来源：广州市番禺区城市更新局，番禺区村庄规划现状摸查

图 6-9　正在实施（策划）的集体建设用地项目与集体建设用地单位收益的关系

　　注：白色的区块为已经国有化的社区居委会行政区域及部分缺失数据的村域。

图例　□ 计划实施项目所在村庄　村庄区位　■ 城中村　■ 城边村　□ 远郊村　□ 城市社区

数据来源：广州市番禺区城市更新局

图 6-10　计划实施改造项目与村庄分类的关系

　　注：番禺区村庄规划将全区村庄分为城中村、城边村和远郊村 3 类，每一个村庄都对应一类。本书直接借用该村庄分类。

土地制度变迁仅仅提供了集体土地再开发的正向激励，但是其改造的推动似乎更多地取决于集体经济组织、地方政府和外来投资商在各自的经济理性下对土地开发制度环境的认知和响应。目前，纳入计划实施改造的 31 个项目大都由于基础设施建设、产业提升推动而展开，显示出政府主导的外力投资对集体建设用地再开发有显著的推动作用。目前正在组织策划实施的改造项目大都集中在正在实施的南大干线、地铁 7 号线沿线和广州市南站等重点片区内。这类项目大都列入政府的改造行动计划，政府的信用担保打消了村集体与开发商参与改造的顾虑。

▶ 6.3 集体租赁经济的正规化对集体建设用地更新的影响

在纳入政府审批的三旧改造缓慢进行的同时，集体旧厂房、旧仓库和商铺物业的租赁却一直在持续。为规范农村集体资产的交易活动，2013 年 11 月番禺区建立农村集体"三资"（资金、资产、资源）管理交易平台（简称"三资平台"）。全区各镇街均建成农村集体资产资源交易中心，交易对象包括农村集体的农业用地、建设用地、厂房、商铺、仓库和专业市场等经营权及使用权的发包和租赁。番禺区的"三资平台"运行主要由农业、纪委等职能部门牵头，联合国土、城建、林业、水利等部门共同组成，平台是区政府对农村集体资产进行管理和服务的主要途径。

"三资"交易平台规范了集体建设用地的流转行为 [①]，村集体资产由村干部管理走向基于"三资平台"的公开化民主管理，大大减少了集体土地私下协议交易现象，抑制了隐性交易引发的腐败。"三资平台"并不审查进入平台的资产身份是否合法，大部分集体资产非合法，难以享受三旧改造政策，只能维持租赁业务。

---

① 集体建设用地使用权出让、出租为一次流转，转让、转租、抵押为二次流转。在实际工作中，一次流转较多，并且纳入了集体三资管理平台，二次流转（转租、抵押）多为合作社的"非公开交易"而没有纳入平台。

集体建设用地或物业经过村预审、镇街审核通过之后进入"三资平台"开始交易，经过立项申请、交易流程、签订合同、政府监督执行之后，集体土地的使用权流转给承租人（广州市房地产研究中心等，2016）。待上一个租赁合同到期时，又一份租赁交易在"三资平台"上实施运作（图6-11）。

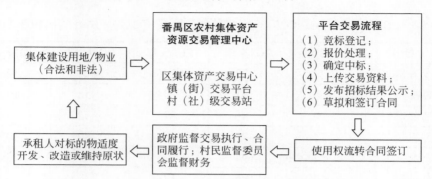

图 6-11　基于三资交易平台的集体土地和物业租赁模式

通过番禺区的三资平台信息网[①]可以获知 2013 年 11 月以后的集体建设用地流转的中标交易情况。从 2013 年 11 月有交易记录开始截至 2017 年 12 月，番禺区共有集体建设用地和物业一次流转出租交易记录 7070 条，月均交易 144 条，基本以集体物业出租为主，集体建设用地流转交易较少（表6-12）。2008—2013 年虽然集体物业的流转出租数据难以获得，但从村集体经济收入可以看出集体租赁经济在持续增长。2010—2015 年，番禺区集体经济收入总量从 23.56 亿元增长到 30 亿元，其中土地和房屋出租占比从 43.23% 增长到 50.97%（广州市统计年鉴，2011，2016）。集体土地和物业流转在"三资平台"上交易合同受到《中华人民共和国合同法》的保护，带来了集体资产价值上涨[②]。截至 2015 年 4 月底，进入平台交易的农村集体资产标的物[③]平均溢价达到 26.91%（广州市房地产研究中心 等，2016）。

---

① 来源：番禺三资平台。交易记录中既有土地出租，也有商铺、厂房、市场摊位等各种物业形态的出租，因此以交易记录取代流转宗数，更能准确反映流转出租情况。

② 以现场竞价为主，每宗交易都有限定交易底价，交易底价由村集体经村民主议程拟定并公示后确定，一般由村民根据周边资产市场价经民主程序确定，目前暂时没有专业估价（广州市房地产研究中心，广东中地土地房地产评估与规划设计有限公司，2016）。

③ 番禺区农村集体资产交易以厂房、仓库、商铺等物业出租为主，此外，鱼塘、耕地、林地等的交易也较多。

"三资平台"的建立规范化了农民集体土地使用权的市场交易，集体租赁经济通过"三资平台"正规的租赁交易提升了租金收益，稳定了村集体经济对出租经济的高度依赖。集体建设用地使用权流转的规范化一定程度上固化了农村集体的吃租依赖，抑制了交易成本较高的正式更新。

表 6-12　2013 年 11 月至 2017 年 12 月番禺区集体物业和用地的出租交易记录

镇（街）	2013 年	2014 年	2015 年	2016 年	2017 年
沙湾镇	27	223	196	174	146
石楼镇	8	61	95	56	140
化龙镇	0	36	27	32	48
石基镇	22	72	165	89	105
大龙街	24	194	135	93	139
南村镇	0	106	128	220	46
新造镇	0	0	0	2	4
大石街	7	42	172	555	73
洛浦街	0	76	85	52	83
钟村街	0	100	57	30	54
石壁街	0	80	43	40	27
市桥街	6	305	317	189	62
东环街	46	107	145	91	103
沙头街	6	159	135	88	95
桥南街	0	151	99	94	49
小谷围街	2	83	128	101	120
汇总	148	1795	1927	1906	1294

来源：根据番禺区三资平台 2013—2017 年交易记录汇总。

▶ 6.4　本章小结

三旧改造从集体建设用地图斑选择、改造规划制定、改造功能业态规划，都带有政府基于城市整体利益的价值判断与调控。集体土地产权对于村集体来说意味着持久的收益权，相比一次性的土地增值收益补偿，村集体更看重对集体土地的产权所有。政府主导的三旧改造从社会整体利益出发将集体旧厂房改造纳入旧村庄改造范围，增加了产权交易的难度，政府控制改造权抑制了村集体的自行改造动力。2016 年以后，政府将改造权赋予村集体，在不降低村集体租赁收益的前提下，尊重村集体对土地所有权的固守，通过土地再开发权益的重新界定，扩大村集体的土地开发利益分配。实施权属人不变功能改变的"微更新"，降低改造门槛，推动了村集体参与村级工业园改造的积极性。

通过改造实施项目分析发现，改造项目实现了集体建设用地减量目标，公共用地献出、土地开发强度提升的预期目标，但是改造实施进展相比规划远远滞后。虽然 2016 年土地产权制度的进一步调整加速了村级工业园的改造进程，但是真正进入实施阶段的项目仅占 1/4，其余项目还处在焦灼的利益谈判阶段。集体土地仍然牢牢地掌控在村集体手中。集体土地使用权作为一种有效的控制力量，阻碍着农村土地使用的最优化（Zhu，2018）。政府在产权制度和再开发政策上的单方面努力难以显著地推动集体建设用地使用的反公地悲剧（anti common tragedy）。31 个改造项目用途以经营性物业和商品住房为主，开发强度大幅提升，具有显著的房地产开发导向，没有实现地方政府所希望的"工改工"目标。获得土地租金差（rent gap）仍然是村集体参与改造、开发商投资改造的动力。从番禺区的实施情况来看，改造项目与土地租金、集体经济收益并无显著的相关性。目前大部分改造项目源于村级工业园产业转型的内生动力和政府基础设施建设的外源刺激，空间上主要集中在交通区位较好、城市化程度较高的城市重点发展片区。

集体旧厂房和村级工业园依附着村民的集体福利，是维系农村集体经济、集体组织的主要经济来源。改造涉及村民、村民小组、股份合作社 3 个层次的产权主体，面临高昂的产权交易成本。目前，大部分改造项目仍处在政府、开发商与村集体持久的利益博弈过程中，能否取得利益平衡的共识仍存在很大的不确定性。集体土地开发权向村集体的转移仅仅提供了集体建设用地改造的正向条件，但是其改造的推动似乎更多地取决于集体经济组织、地方政府和外来投资商在各自的经济理性下对土地开发制度环境的认知和响应。

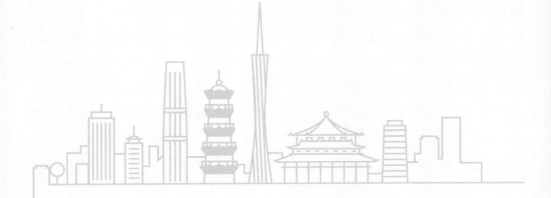

第 7 章
番禺区集体建设用地再开发的模式与产权重构特征

　　本章首先分析了三旧改造土地产权制度改革下集体建设用地再开发的模式，比较了不同产权重构模式的特征与实施性，分析了当前土地再开发以流转出租改造模式为主的原因。然后，结合两个已经实施的典型案例，分析不同改造模式下的土地产权重构特征，从"成本－收益"视角分析政府、农民集体与开发商之间的土地利益分配。

▶ 7.1 集体建设用地再开发的模式

根据土地产权处置方式，将集体建设用地再开发模式分为两大类，分别是土地权利转移模式和土地权利保留模式。根据改造主体不同，集体建设用地再开发可分为4种模式。

7.1.1 土地权利转移改造模式：政府主导的集体旧厂房改造

土地权利转移模式指集体土地通过政府征收转为国有土地，公开出让引入新的权利人进行改造，或者是经过土地国有化转制，协议出让给村集体进行改造。

1. 土地产权转国有公开出让

按照广州市三旧政策，政府与村集体达成利益分配协商一致后，政府收回集体建设用地并转为国有土地，通过公开招标、拍卖、挂牌等方式公开出让引入新的权利人进行改造。土地出让金由区政府－村集体两级分成，镇街不参与利益分配。按照出让成交价格的60%（2017年以后改为80%）补偿给村集体经济组织，用于"城中村"改造、村庄整治、村内基础设施和公益事业项目建设。集体旧厂房用地规划控制为道路、绿地及其他非营利性公共服务设施用地的，由政府依法征收，并按照现行征地补偿的有关规定给予补偿（三旧改造56号文）。在实际操作中，村集体所得土地出让金也可兑换成集体物业，或者是采取"一定比例的土地出让收益＋一定量的物业建筑面积"混合的补偿形式。

这种模式主要用于旧村庄整村全面改造。旧村庄全面改造一般先进行土地整理，将土地分为复建安置地块、公共设施配套地块和融资出让地块。村级工业园由于不涉及村民个体产权，往往作为融资地块公开出让，为旧村庄改造筹集资金。因此，村级工业园改造后的土地用途和开发强度、公开出让的楼面地价决定着筹集资金的多寡。改造主体需要尽量压缩安置地块面积，扩大融资地块面积以实现旧村改造的"融资平衡"，扩大改造主体的利润空间（图7-1）。

地块1：融资出让地块，用于商品住宅或经营性物业开发
地块2：公共用地，用于配套市政基础设施、道路绿地和公共空间
地块3：复建安置地块，用于原村民安置

图 7-1　旧村庄全面改造的土地使用转变

2. 集体土地转国有协议出让

三旧政策鼓励村集体经济组织或其全资子公司作为实施主体，通过补交土地出让金[①]将集体建设用地转为国有土地，采取协议方式将土地划拨给原村集体经济组织自行改造。"集体土地转国有协议出让"解决了集体土地产权缺陷带来的融资、抵押问题，同时能够一次性解决违法建筑的合法化问题。村集体一般通过土地整理，将分散的集体物业用地进行整合，重新选址建设新的复建物业（图 7-2）。

图 7-2　集体土地转国有协议出让模式

广州市城中村土地产权改制和土地登记实行自愿原则，农民可以选择保留土地集体所有制，也可以选择将土地转为国家所有，由集体经济组织改制后成立的股份公司自愿申请改制和土地登记（臧俊梅 等，2017）。该模式从"降低土地获得成本"和"保证拥有自主开发权"两个方面体现了制度的吸引力，获得了市场的积极关注。但是在实际操作过程中，由于协议出让存在的寻租空间过大，广州

---

① 村集体以打折后的土地出让金获得了国有土地的权能，详见 4.1 节。

市正在逐渐收紧该模式的适用对象和范围。伴随着土地价值升值的预期，现阶段村集体普遍不愿意转变"集体所有"的权属；福利型村集体经济组织不具备土地开发运营能力，即使转为国有，村集体也不愿承担融资借贷的风险，土地转国有协议出让改造模式在整个广州市的三旧改造实践中应用的非常少[①]。

7.1.2　土地权利保留改造模式：村集体主导的村级工业园改造

集体建设用地再开发需要大量的启动资金（包括拆迁补偿、土地租金预付，土地整理，道路、市政等基础设施投入，土地开发相关的各项费用）和专业的运营经验，村集体不具备土地开发运营的财力和能力。2013 年，番禺区村集体资金存量达 52.3 亿元，平均每村 2955 万元（番禺区委农村工作领导小组，2013）。番禺区正在策划进行的几个村级工业园改造项目中，单个改造项目费用都在上亿元[②]，村庄合作社经济难以承受符合城市开发配套标准的改造。

大部分村庄的集体经济合作社根据政府批准的控规等规划设计条件，在不改变土地集体所有的前提下，对集体建设用地进行公开招商，将集体土地和物业的使用权流转给市场主体，由投资商出资实施改造，合作期满后集体土地连同其上的所有物业归还村集体所有。流转改造可分为流转出让和流转出租两种产权交易模式。

1. 土地和物业流转出租改造

流转出租指集体建设用地使用权人作为出租人，将集体建设用地出租给承租人使用，由承租人向出租人支付租金，属于土地使用权转移的合同关系行为。在三旧改造中，投资商与村集体组织（合作社 / 集体企业）签订《租赁协议》，租赁期内投资商全资投资建设集体经济项目，并享有所有物业一定年限的使用权和收益权（根据合同法规定，租赁时间不得超过 20 年期限），向村集体支付租金，

---

① 对于番禺区三旧改造，仅在 DJ 村改造中有部分集体物业采用了转国有协议出让的改造模式。
② 番禺区正在策划进行的几个村级工业园改造项目中，南村镇官堂村统计下来改造项目费用达 6.67 亿元，正在实施的 LX 村集体物业改造和配套的支路、幼儿园建设需投入 3.75 亿元。

租金每3年或5年按一定比例递增。开发项目以村集体经济合作社的名义统一进行登记和立项，并以村集体的名义报建、办理产权确认手续。投资商不能办理集体土地使用权证，其没有独立报建资格，无法抵押房产融资，在土地上盖物业不能办理房产证；产权残缺直接影响了后期物业开发的规模和档次。

为促进土地整理，政府作为全资股东或引入投资商成立开发公司统租村一级连片的集体物业地块，取得成片集体建设用地的经营权；通过土地整理，净地后转租给用地企业开发建设或由开发公司建成物业后自主经营物业出租。政府的收益主要在于产业提升后的税收，另有少量物业出租收益的分配会作为政府统筹改造的管理费用。政府统租集体土地，作为一种间接的土地国有化模式，政府可以成片统筹开发，掌控产业引入的类型与质量，短时间内快速推动地区开发（图7-3）。

图 7-3　集体建设用地使用权流转出租改造模式利益分配

2. 土地和物业流转出让改造

流转出让指集体土地所有者将一定年期的集体建设用地使用权让与土地使用者，由土地使用者向集体土地所有者支付出让价款的行为，属于用益物权的转移行为；受让人获得的是物权性质的经营权，强化了土地的权利保护和进入市场的能力。土地流转出让后，土地开发权归属投资主体。流转出让年限与国有建设用地接轨，长达40~50年，受让人可领取集体土地使用证，可抵押融资、转让，有独立报建资格。

流转出让模式的土地利益分配方式非常多样化。村集体以土地使用权作价入股（出资），或者村集体与他人合作、联营等形式兴办企业①，村集体和投资商的

① 《广州市集体建设用地使用权流转管理办法》（2015）第二条规定：以集体建设用地使用权作价入股（出资）、与他人合作、联营等形式共同兴办企业的，视同集体建设用地使用权出让。

收益按股份分成。村集体与投资商物业的分成比例一般为6：4或5：5不等，村集体所得物业可以自行经营，也可以另外签订返租合同将物业返租给投资方经营；此外，集体土地流转出让也可以采取投资商一次性支付土地出让金给村集体的方式。具体选择哪种土地租金分配的合约方式，与集体土地区位、流转年限及开发物业用途相关（图7-4）。

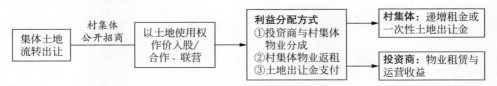

图7-4　集体建设用地使用权流转出让改造模式利益分配

广州市并没有被纳入2015年全国集体经营性建设用地入市的试点，流转出让的政策并不明确，村集体对于流转出让仍然持怀疑、观望态度。截至2020年底，广州市全市仅白云区马务经济合作社、花都区剑岭、锦山经联社等村庄实施了留用地使用权流转出让，其余流转行为均为流转出租模式。

3. 流转出让与流转出租的区别

流转出让与流转出租有着本质的区别，前者是用益物权转移行为，后者仅为合同行为（表7-1）。土地使用权转移的方式、稳定性直接影响产权交易的费用及受让人对产权收益的预期。对于流转出让模式，受让人取得了集体土地使用证，可以抵押融资，总体来说，改造质量优于流转出租模式。

表7–1　集体建设用地使用权出租与出让的比较

项目	集体建设用地使用权出租	集体建设用地使用权出让
流转标的	集体建设用地使用权	集体建设用地使用权
对价	租金（月租金、年租金等，多次付款），交易底价由村集体经村民议程拟定并公示后确定	出让价款，需委托具备B级以上资质的土地评估机构评估集体建设用地市场价格后，确定出让底价
本质	仅为合同关系，承租人不能办理产权证	用益物权，受让人可以申领集体土地使用证

项目	集体建设用地使用权出租	集体建设用地使用权出让
出让年期	不得超过 20 年（超过 20 年需向区政府备案，续订不超过 20 年）	商业、旅游、娱乐等不超过 40 年，工业、办公、综合等不超过 50 年，不可进行商品住宅开发
租金	固定租金定期调增或其他约定方式	出让价格不得低于同区域、同类别的国有土地使用权基准地价的 30%（商业用地可能涉及路线加价）
权利凭证	—	受让人可领取集体土地使用证
建设主体	集体建设用地使用权人，承租人无权以自己名义开发建设，出租人可以协助	受让人有独立报建资格
投入	无限制，大多由承租人承担，建设用地使用权人按其意愿建设	无限制，大多由受让人承担
融资	出租人可用租金收益合同进行权益融资，承租人难以融资	受让人可抵押融资，金融机构领取他项权证
房屋产权	集体建设用地使用权人，承租人无房屋产权	受让人
征收补偿	归集体建设用地使用权人	出让人和受让人作为独立物权人均有受偿资格
利用管理	—	受让人有闲置用地的风险
租期届满	出租人无偿收回房屋或要求承租人恢复原状	建筑物按约定处理。受让人提出续期，除根据公共利益需要征收或收回及合同约定的规划变更等原因外，出让人一般不收回，续签合同时受让人需支付出让金

来源：笔者根据网络资料和文献整理。

根据广州市集体建设用地使用权流转管理办法，集体建设用地使用权无论是流转出让还是流转出租，改造地块都需要拥有集体土地所有证和集体土地使用证，拥有有效的建设用地批准书或经批准延期的同意使用土地通知书；拥有建设用地规划许可证或乡村建设规划许可证及满足相应规划条件；取得该集体经济组织出具的同意流转的书面证明材料。这意味着参与流转改造的集体土地需要：产权清晰，非合法用地完善历史用地手续，改造功能与用途符合上位规划。由于集体土地使用权确权的滞后，按照三旧政策实施流转改造的项目也较为有限。

7.1.3 两种再开发模式的比较

（1）转国有公开出让：对于村集体来说就是"卖地分红"，政府作为改造主体，开发权归属开发商或政府。土地所有权转移后，村集体除了获得经济上的补偿之外，土地已与村集体没有关系。这种产权重构模式专用于村庄全面改造的融资地块。

（2）转国有协议出让：通过集体土地转国有并协议出让给村集体，村集体低成本获得了完整的土地开发权，该土地具有融资、抵押、转让权能。是否转为国有土地，取决于村集体对集体经济发展和村庄改造的长期打算。转为国有后，村集体根据其经济能力，可以保留土地开发权，也可以将开发权转移给市场主体。

（3）流转出租改造：保留了村集体的土地所有权，土地开发权仍归属村集体。改造主体为开发商，村集体与开发商是基于合同法的承租关系，村集体的收益是按期支付的租金。流转出租方案需要 2/3 以上成员或成员代表同意表决通过。

（4）流转出让改造：保留了村集体的土地所有权，土地开发权归属开发商，改造主体是开发商。通过出让程序，集体土地进入了土地一级市场。对于出让地块，需要核实该地块是否位于土地利用总体规划确定的建设用地区。流转出让方案需要 2/3 以上成员或成员代表同意表决通过。

从集体建设用地再开发的实施情况来看，更新模式的选择与三旧政策的实施密切相关。2015 年以前，三旧政策控制旧村庄改造由村集体自行改造的通道，旧村庄改造主要在政府主导下进行。2015 年之后，三旧政策放开了土地权属变更的限制，村级工业园的改造权回归村集体，所有集体建设用地改造项目都采用了保留集体产权的流转出租改造模式（表7-2）。三旧改造正式化了集体土地使用权的租赁权能，但是止步于土地流转出让这一长期的市场化行为。对于村集体来说，在这种模式下，村集体无需投入大量资金进行改造，通过土地使用权出租给开发商，就可以获得稳定而增长的集体经济收入，交易成本低、风险最小。流转出租改造模式的绩效取决于改造项目的区位条件，开发商的投资强度、产业业态，政府对改造项目的支持等因素。采用这种模式的根源在于村集体不愿放下土地的所有权和开发权，希望维持稳定的租赁经济。

表 7-2　集体建设用地再开发的产权重构模式比较

改造模式	转国有公开出让	转国有协议出让	流转出租改造	流转出让改造
改造主体	政府	村集体	开发商	开发商
产权变更	所有权转移，开发权归受让人	所有权转国有划拨，开发权归村集体	所有权不变，使用权承租关系，开发权归村集体	所有权不变，使用权长期转移，开发权归受让人
资金投入	开发商	村集体	开发商	开发商
村集体土地租金收益	60%~80% 的土地出让金	改造后的租金收入	开发商支付的递增租金	一次性出让收益
实施难度	阻力大，难以实施	村民和政府都缺乏意愿	相对容易	村民不接受
番禺区项目数量（2009—2017 年）	1	1	30	0

总之，在提高土地租金收入、维持集体租赁经济的前提下，村集体倾向风险最小、短期租金最大化的更新模式，恪守"安全第一，保守经营"的土地开发理念。

▶ 7.2　集体建设用地再开发的产权重构特征

本节通过两个典型案例，分析三旧改造背景下集体建设用地再开发过程中的开发模式与产权重构过程；采用"成本–收益"的叙事方式，展现在不同再开发模式下，政府、村集体和市场主体参与三旧改造的利益分配关系。两个村分别位于番禺区的中心和北部门户区位，是番禺区城市化发展最为成熟的区域（图 7-5）。

DJ 村的改造因市政道路拓宽和市桥水道滨水界面的环境改造而导致，是全区唯一一宗城中村整村改造项目；通过将村庄部分地块转国有公开出让，实现土地权利转移，筹集大量资金用于整村改造。LX 村村级工业园的改造从 2006 年就已经开始，集体物业经历了非正式更新和流转出租正式更新两个阶段，属于土地权利保留改造。这两个改造项目代表了当前番禺区集体旧厂房、村级工业园的主要改造模式。

图 7-5　DJ 村纳入三旧改造的现状集体建设用地分布

7.2.1　土地权利转移：DJ 村集体物业用地改造案例

DJ 村位于番禺区政府驻地东部，临近市桥水道，南面距离 50 m 远即可看见江面。20 世纪 90 年代以后，随着市桥东区征地开发和番禺区政府东迁，截至1991 年 DJ 村村内耕地全部被征用，村域迅速缩小至 0.2 km²，村民亦全部"农转非"，成为番禺区最早形成的城中村之一（图 7-6，图 7-7）。原番禺县国土部门为推进城乡一体化进程，将整体建设水平较高的市桥中心区域原属农村集体所有的土地转为国家所有，DJ 村的集体建设土地基本实现了国有化转制（仍有部分零星地块为集体产权）[①]。2009 年三旧改造政策实施后，DJ 村与区政府开始谈判

[①]　转为国有划拨的集体物业用地，没有履行征地手续和办理土地房屋的确权，且这部分国有化的集体物业在 20 世纪 90 年代初"国有化"时没有受到补偿。

改造事宜。2013 年，DJ 村改造获得批复，改造正式拉开帷幕。

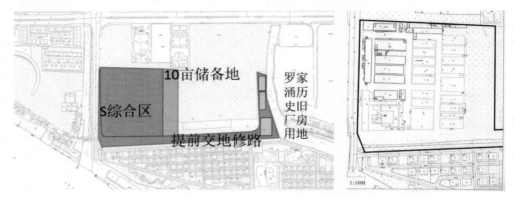

图 7-6　S 综合区现状（左：S 综合区范围，右：S 地块现状厂房）

来源：DJ 村改造方案

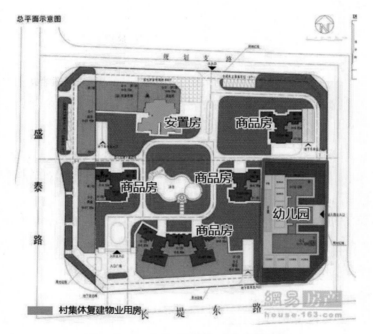

图 7-7　S 地块再开发后土地使用

来源：网易房产

1. 集体建设用地的产权重构

2013 年纳入村改造的集体物业用地共有 17 宗，总面积约 3.63 hm²（表 7-3，

图 7-5），合法建筑 2.82 万 m²，物业平均容积率为 0.77。集体物业中最大的地块为
"S 地块"（2.07 hm²，由旧工业厂房和旧商铺组成），属于 DJ 村征地留用地，是
DJ 村集体租赁经济的主要来源。区政府与村集体协商一致将 S 地块作为融资地
块公开出让，土地出让收益用于旧村庄的改造。区政府将 S 地块东侧区土地开发
中心的储备用地纳入 S 地块的整体改造，形成 "S 综合区"，降低整村改造的开
发强度压力（图 7-6）。DJ 村改造后，仍保留集体物业维持租赁经济，集体物业
复建和用地出让都将在 S 综合区内统筹实现。

表 7-3 纳入改造的 DJ 村现状集体物业地块面积与建筑面积

集体物业用地情况	宗数 / 宗	土地面积 /m²	建筑面积 /m²
商住物业用地（S 地块）	8	29 731	24 412.54
国有或集体仓储用地	4	5299	2418.04
历史物业	3	1246.35	1270.93
公共设施	2	69	57.24
总计	17	36 345.35	28 158.75

来源：DJ 村改造方案。

S 综合区由 6 个地块组成，其中 S 工业区地块（地块 1）为国有出让地块。
2014 年 7 月，S 地块以总价 8.0451 亿元由开发商通过公开拍卖方式获得，计划
开发为商品住房小区（图 7-7）。区土地开发中心设定 S 地块的出让条件为开发商
必须在小区内同步配套 10 000 m² 安置房建筑面积，并配建菜市场、派出所、物
业管理、公厕等用房。S 地块以外的 7 宗集体物业用地（0.63 hm²）通过补交土
地出让金转为国有划拨商业用地，在地块 2 内建设商业用房作为复建的村集体物
业；地块 3 为区政府投入的 10 亩储备地，承载幼儿园和村委会（社区中心）；地
块 4 为综合区南部的长堤东路拓宽用地；地块 5 为罗家涌历史旧厂房用地，将调
整规划为公共绿地；旧村整体改造后村集体将电房等公配用地（地块 6）无偿移
交政府（表 7-4）。

表 7-4　S 综合区地块改造方案

S 综合区	用地面积 /m²	土地处置	土地使用权	出资
地块 1：S 工业区地块	20 715	国有出让	开发商	开发商投入土地成本 8.0451 亿元，建筑安装工程费：未知
地块 2：村集体复建商业地块	3336	国有商业划拨	村集体	DJ 村村集体投入 4500 万元
地块 3：区储备地（配建幼儿园、村委会）	5100	国有划拨	政府	DJ 村村集体投入 1239 万元
地块 4：长堤东路拓宽用地	16 889	国有划拨	政府	区财政投入 1168 万元
地块 5：公共绿地（罗家涌历史旧厂房用地）	2581	国有划拨	政府	区财政投入收储成本 2812 万元
地块 6：电房等公配用地	69	国有划拨	政府	—

DJ 村改造后，集体物业用地比例缩小了 90.8%，约有 33.8% 的土地转为服务设施和道路绿地，约 57% 的土地转为商品住房。改造后，破败的集体旧厂房被 5 栋 40 层超高层住宅所置换，容积率从改造前的 0.77（毛容积率）提升到改造后的平均容积率 2.7，商品房净容积率达 3.88（表 7-5，图 7-8，图 7-9）。2014年 11 月 S 地块改造实施开工，2016 年 3 月整体建成，配建的商业物业、安置房、幼儿园完成验收。

表 7-5　集体物业用地改造后土地使用构成

土地用途	用地面积 /m²	建筑面积 /m²	容积率	各类用地占比 /%
复建集体物业	3336	11 781	1.78	9.2
居住（含安置房）	20 715	80 451	3.88	57.0
幼儿园、村委会、社区中心	3601	6200	0.9	9.9
道路与绿地	8693.35	—	—	23.9
合计	36 345.35	98 432	6.56	100

图 7-8　S 地块再开发后的融穗澜湾商品小区

来源：房天下

图 7-9　S 地块改造前后

虽然改造后集体物业建筑面积从 28 159 m² 降到 11 781 m²，建筑面积缩小了 58.2%，但是复建物业容积率达 3.53（净容积率），土地产权从原先模糊的"国有化"转为真正的国有划拨产权。复建集体物业的财产权能得到完善，显化了集体物业的市场价值。原先零星的物业集中归并于更靠近市桥中心行政轴线的 S 地块，集体物业的土地租金比改造前获得大幅增长。

2. 各方投入与利益分配

经统计，S 综合区开发总投入（含储备用地资金）达 97 164 万元（村集体 11 674 万元、政府 5039 万元、开发商 80 451 万元）。S 地块的土地出让金按 6（村集体）：4（政府）分成补偿村集体，用于补贴旧村居改造的安置、拆迁等成片改造相关费用。参与改造的各主体投入与利益分配如下。

1）政府

DJ 村区位特殊，靠近区政府驻地，周边有市政广场、中央公园、展览馆、地铁 3 号线终点站等区域公共配套设施及财政、国税、经贸、检察、口岸等多个行政机关，并建成柏丽花园、黄沙岛别墅区等多个高档居住小区。DJ 村破败的居住区和物业与番禺区中心的形象格格不入，其改造具有政府改善公共治理的意图。DJ 村整村改造涉及南侧的长堤东路拓宽，拆除 SX 村、打通番禺广场中轴线、扩建何贤纪念医院等一系列建设，是番禺行政中心区空间治理的重要环节。

区政府共投入财政资金 5039 万元直接用于 S 地块的再开发（表 7-6）；从整个 DJ 村成片改造来看，涉及城乡居住、集体物业、国有旧厂、学校的拆迁与重建，整个改造项目总投入约 11.97 亿元，若加上 2010—2012 年区财政投资 DJ 村周边地区环境的整治费用约 1.27 亿元，整体投资将达 13.24 亿元（番禺区三旧改造办公室，2013）。为控制市桥河滨水空间的开发强度，避免 S 地块高强度开发对滨水景观视线的遮挡，区政府又投入了 10 亩储备地块，将其纳入 S 综合区，降低了地块改造的容积率压力。政府通过 S 地块的出让仅能获得土地出让金约 3.2 亿元，并将全部用于以补贴 DJ 村综合改造的土地收储和安置房建设费用[①]。

① 番禺区要求市财政全额返还 S 地块土地出让金给区财政，以缓解区政府的资金周转压力；按照穗府〔2009〕56 号文件有关成片更新项目和城中村改造项目"拆一补一免一"的优惠政策，改造所涉及的属于市财政收入的行政税费，也应全额返还番禺区财政。

表 7-6　S 综合区再开发政府资金投入一览表　　　　万元

投入项目	投入费用
物业临迁费	2860（按 3 年计算）
房屋拆运费	84
搬家费	193.6
政府储备地的成本	540
长堤东路和罗家涌绿地建设	1168[①]
不可预计费用	193.8（按上述各项 4%）
总计	5039.4

来源：笔者统计

政府通过 DJ 村改造获得了公共治理的政绩效应，公共空间供给的社会效应。政府很大程度上放弃了土地出让金收益，转而寻求改造的社会和环境效益。对于特定重点项目，政府会通过财政资金投入、土地供给侧干预来推动项目运作（He et al.，2009），政府大规模补贴的融资模式难以在全区推广。

2）DJ 村村集体

三旧改造之前，DJ 村多年来自觉配合市桥河两岸的规划控制和市政建设，经济发展留用地远不足原来应该返还被征农用地的 15%，村集体收入受到较大影响。2009—2011 年，DJ 村集体年均收入不足 600 万元，远低于所在街道的其他村（表 7-7）。一直以来，DJ 村村民希望通过物业改造提高集体经济。

表 7-7　DJ 村 2008—2011 年村集体收入　　　　万元

收入		2008 年	2009 年	2010 年	2011 年
村财务总收入		509.58	521.45	532.17	403.04
其中	物业承包收入	455.35	458.40	472.35	333.08
	其他收入	54.23	42.62	35.74	69.96
	投资收益	—	20.43	24.08	

来源：DJ 村村庄规划十四表，DJ 村股份合作经济社收益及收益分配表。

---

① S 地块南侧道路 16 889 m²+ 罗家涌绿地 2581.34 m²=19 470.34 m²，建设费用按 6 亿元 /km² 计算。

此次三旧改造，DJ 村村集体是最大的受益群体。村集体投入包括复建集体物业、幼儿园等设施配套费用和复建集体物业补交的土地出让金，共计 11 674 万元。村集体的收益远大于投入，光 S 地块出让分得的 60% 土地出让金就达到了 48 270 万元。根据补偿标准测算，DJ 村补交了土地出让金约 5935 万元[①]，获得了国有划拨产权的集体物业用地，保留了农民集体对土地的长期使用权。若按照 S 地块商品住房融资楼面地价 1 万元 /m² 的价格，意味着在集体土地转国有协议出让过程中，村集体相当于获得了 49.6% 的土地出让收益；加上有证物业的临迁费和拆运费 2944 万元，村集体在 DJ 村整村改造中净资金收益为 39 540 万元，增加了村集体经济留存（表 7-8）。

表 7-8　村集体投入与收益表

收入与收益	项目	金额
投入	复建集体物业建设费用	4500 万元[②]
	复建集体物业补交地价	5935 万元
	幼儿园、村委会（社区中心）建设费用	1239 万元
收益	S 地块土地出让金	48 270 万元
	有证物业临迁费、拆运费用	2944 万元
	国有产权集体物业	用地 3336 m²，建筑面积 11 781m²
	村委会、公厕、老年人服务站点	用地 3601 m²，建筑面积 3044 m²

3）开发商

S 地块出让所得的土地收益对于缓解区财政压力非常重要，因此，S 地块出让在 DJ 村成片改造中排在了优先位置。2013 年 11 月 18 日 DJ 村成片改造方案获得广州市三旧改造办公室批复后，2014 年 7 月 24 日 Y 房地产公司以总价 8.0451 亿元的价格通过公开拍卖方式获得地块并实施建设，其中，单位楼面地价为

---

① 土地出让金补缴标准为：根据穗府办〔2010〕35 号文，原国有部分按新旧用途基准地价的总价差补交土地出让金，原集体部分按土地基准地价的 40% 计收土地出让金。
② 按复建成本单价 3822 元 /m²（来源：番禺区 D 村及周边成片更新改造方案）。

1万元/m²。从2011年DJ村改造启动到2014年成功出让的3年内，S地块的楼面地价从6000元/m²持续升高到1万元/m²（表7-9），但仍低于按照"招拍挂"公开出让的价格。

表7-9　DJ村改造S地块的融资楼面地价变化

时间	楼面地价/（元/m²）	节点
2011年3月11日	6000	原控规方案
2012年6月	7000	第10次规委会方案
2013年8月	8189	
2014年7月24日（正式出让）	10 000	第21次规委会方案

来源：笔者根据番禺区DJ村及周边成片更新改造方案和网络资料整理。

Y开发商参与三旧改造获得了S地块70 451 m²商品房可销售建筑面积。自2016年8月开盘至2018年8月，S地块再开发后的金融街·融穗澜湾商业住宅楼盘的房价从18 767元/m²涨到42 814元/m²，价格已远超广州市的平均房价（34 010元/m²），也超过该街道的平均房价（18 787元/m²）（图7-10）。按利润率30%、商品房价平均3万元/m²计算，开发商的利润收益约6亿元[1]。

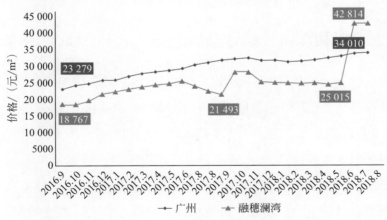

图7-10　广州市和融穗澜湾的商品房价格比较

来源：房天下.

---

[1]　根据国家统计局2016年6月的最新数据，全国地价占房价的比重平均为41.58%（来源：地价占了房价多少比重？2016-06-28地产中国网）。

4）租客

对于 DJ 村现有的租客来说，他们是城中村改造利益谈判的局外人，只能被迫搬迁至其他村庄居住或承受更高的房租。对于 S 地块周边的城镇居民来说，他们一方面享受了城中村改造带来的高品质物质环境，但同时也要承受高强度开发带来的社会负效应，包括交通拥堵、人均公共资源稀缺等问题。三旧改造是以房地产投资为主导，试图做大土地利益的蛋糕，在既有业主和政府、开发商之间分配的游戏，其并没有将社会公平和包容考虑进来。

通过土地出让、房地产资本和政府财政投入，S 综合区非正式的集体经济空间被迅速资本化、分割为多个产权主体所拥有（开发商拥有商品房小区、村集体拥有国有产权的集体物业、政府拥有道路和绿地）。DJ 村改造具有一定的特殊性，该村在早期已实现全征地，剩余集体建设用地在 20 世纪 90 年代已经实现了国有化，因此土地入市出让并没有阻力 [①]。番禺区其余旧村的大量集体物业用地仍然是集体产权，村民大部分保留农村户籍，村集体对集体土地转国有、入市仍存在很大的顾虑；即使同意改造，也希望保留集体产权，卖地入市更难以成为现实。

7.2.2 土地权利保留（综合整治）：LX 村村级工业园改造案例

LX 村，位于洛浦街西部，是番禺区与广州市中心城区的连接节点，地铁、LX 大桥等交通设施在早期就已便捷接入。随着 1988 年 LX 大桥通车，番禺区与广州市的交通联系明显改善。作为番禺区城市化发展进程中土地功能最先转变的区域，LX 村 80% 的耕地被当时的番禺区国土部门征收以开发房地产，大规模的房地产开发导致村域内集体土地所剩无几。2006 年之前，村集体旧厂房由 LX 村经济合作社向外自主出租，多块村级工业园均处于闲置或低效运作状态。2006 年底，W 开发商租赁了 LX 村 10 hm² 的村集体旧厂房用地 20 年。2006—

---

① D 村虽然没有转为社区，但是集体经济组织成员在户籍上实现了农转非，集体经济已转制为股份制企业，市政基础设施已纳入市桥街统一管理，符合集体土地国有化转制的法定要求。

2013 年，W 开发商陆续取得了 LX 村多块工业及仓储建设用地的使用权和合作经营权。

1. 从非正式更新到正式更新

2008 年，番禺区实施集体旧厂房的"腾笼换鸟"，W 开发商投资约 8 亿元盘活租赁用地上数十幢老旧仓库厂房，将其改造为 LX 国际水产采购中心及美食城（简称"水产交易中心"），并于 2010 年基本建成。水产交易中心的改造属于开发商自发的改造，并未涉及周边道路、市政设施、滨江绿地等公共设施与空间的改造，也没有享受三旧政策。然而水产交易中心并未如当初预设的那样生意火红，仅有 20% 的铺面出租，这给投资商带来投资回本的压力。

2013 年，W 开发商改变投资策略，在水产交易中心的基础上，依托 1.2 km 的沿江岸线和原有的海鲜文化 [①] 这两个核心要素，将水产交易中心改造升级为"渔人码头"，发展创业孵化、商务办公和商业配套。渔人码头一期主要对原水产市场的多个厂房建筑进行功能性改造，2015 年一期营业。2016 年渔人码头项目被纳入广州市村级工业园试点改造项目，渔人码头二期启动，对村属物业周边的私人及国资闲置厂房、仓库、码头（含广州市旅游学校）等约 5 hm² 的旧厂及存量建设用地实施升级改造。同时对 LX 旧村居进行微改造，统一实施建设滨江绿地及 LX 桥门户整治（图 7-11）。渔人码头改造采用了流转出租改造模式，享受三旧改造政策，完善非合法用地产权，并换发了土地使用证，属于正式更新。

2. 集体建设用地的产权重构

在整个 LX 村村级工业园改造项目中，参与改造的集体旧厂房用地共 9.8 hm²，其中有证集体用地 8.78 hm²，无证集体用地 1.02 hm²。若包括 LX 村周边的国有旧厂、置换地、道路用地等统一纳入渔人码头项目用地，整个渔人码头项目用地面积达 16.46 hm²。

---

① 20 世纪 90 年代初期，LX 村食街、五湖四海海鲜交易市场相继崛起，令 LX 村成为市民宵夜寻美食的好去处。渔人码头毗邻 LX 村食街，这里有着悠久的海鲜美食文化。

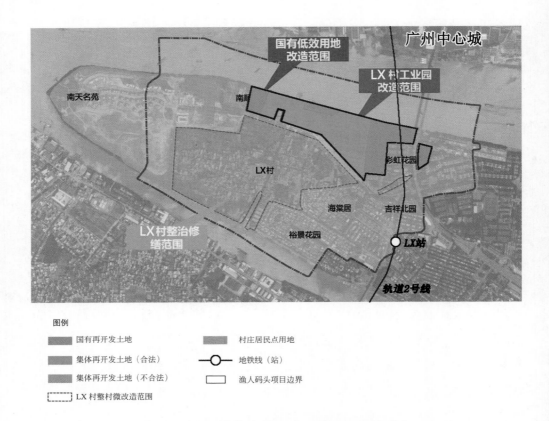

图例

▬ 国有再开发土地   ▬ 村庄居民点用地

▬ 集体再开发土地（合法）   ◯— 地铁线（站）

▬ 集体再开发土地（不合法）   ▭ 渔人码头项目边界

⬚ LX 村整村微改造范围

图 7-11　LX 村集体物业和旧村现状用地产权

来源：笔者根据广州市城市更新局提供资料绘制

  LX 村委托 W 开发商首先对村级工业园进行了土地整理，向政府移交了部分用地用于市政公共设施、道路和绿化开发，共有 12.3% 的用地改造后用于道路、市政设施和绿地。集体物业面积从 8.78 hm² 小幅缩小到 7.95 hm²。政府通过对滨江地块的收储，形成连续的滨江绿地，总面积达 3.69 hm²（含政府征收的国有土地转为的绿地），成功打造广州市中心城进入番禺区桥头堡的门户景观。无证的集体物业用地通过向政府移交 30% 的土地获得合法化，然后参与整体改造。渔人码头整体改造后，81.1% 的土地仍然保留了集体土地所有权；5.02 hm² 的集体工业用地转变为集体商业用地，土地价值得到释放；1.02 hm² 集体无证用地得以确权，确认为集体商业用地（表 7-10，表 7-11）。在集体旧厂房微改造之后，以 W 开发商为改造主体，将对 LX 旧村与都市农田约 49 hm² 的范围进行微改造（旧村 32.2 hm²、农田鱼塘 16.6 hm²)。

表 7-10　渔人码头改造项目改造前后土地使用

改造前			改造后		
	面积 /hm²	比例 /%		面积 /hm²	比例 /%
集体土地合法用地	8.78	89.59	集体产权物业用地	7.95	81.12
			村集体公共设施用地	0.56	5.71
集体不合法用地	1.02	10.41	道路、市政和绿地	1.21	12.35
			国有产权物业用地	0.08	0.82
合计	9.80	100	合计	9.80	100

表 7-11　LX 村村级工业园改造土地产权与功能业态变化

地块编号	改造前业态	改造后业态	用地面积 /hm²	现状权属	土地处置	改造方式
1	原华侨仓库	星坊 60	0.72	集体有证工业	租约到期前暂按现状使用，待滨江绿地实施时征收	远期改为道路、绿地
2	原 LX 村旧粮食仓库和金旺鞋厂	国际创意工坊、SOHO54 社区	3.10	集体有证工业	保留集体用地，换发商业土地证	微改造
3、4	LX 村工业仓储物业	水产世界和大自然水疗会	0.99	集体有证工业	保留集体用地，换发商业土地证	微改造
5	LX 综合批发市场	LOFT54 产业孵化基地	1.74	集体有证商业	保留集体用地，换发商业土地证	微改造
6	广州市国际水产采购中心街	时尚餐饮酒吧	1.01	集体有证商业	保留集体用地，换发商业土地证	微改造

地块编号	改造前业态	改造后业态	用地面积/hm²	现状权属	土地处置	改造方式
7-1	LX村集体物业（越兴包装厂）	商业	0.93	集体有证工业	保留集体用地，换发商业土地证	拆除重建
7-2		环卫设施	0.29	集体有证工业	近期保留，远期土地征收	拆除重建
8-1	不知	商业	0.26	集体无证物业	保留集体用地，换发商业土地证	30%无偿移交政府，70%保留村集体用地
8-2		安全设施	0.20	集体无证物业	近期保留，远期土地征收	—
8-3		幼儿园	0.56	集体无证物业	保留村集体用地换发幼儿园房地产权证	—

3. 各方投入与利益分配

渔人码头项目主要采用保留集体产权的微改造方式，由 W 开发商投资改造集体物业，政府出资配套渔人码头周边的道路、市政公用设施。根据对各阶段改造资金的测算，渔人码头总投资约 8.3 亿元（不含旧村微改造）（表 7-12）。

表 7-12　渔人码头开发的投资

主体	投入	收益
政府	国有用地收储3.9亿元 滨江路、市政用地收储，远期收储华侨仓地块0.64亿元 区财政资金安排实施方案编制费用50万元 置换地、绿地政府收储资金	3.96亿元（按照商业基准地价1.35万/m²计算）
W 开发商	村级工业园改造共3.75亿元（一期2亿元，二期1.75亿元）	20年租金净收益6.4亿元
村集体	补交地价（具体金额不知）	20年租金3.76亿元

来源：根据番禺区 LX 村更新策划方案整理，2016。

参与改造的各主体的投入与利益分配如下。

1）政府

渔人码头的品牌效应和 LX 村作为番禺区的门户使该项目获得了政府的财政支持。政府负担国有旧厂、市政道路、公用市政设施、绿化用地的收储，共承担约 4.54 亿元。政府对收回的土地公开出让，可获得约 3.96 亿元的土地出让金。在资金上政府收支基本持平，政府的获益主要在土地用途转变带来的税收、社会利益和环境效益。政府对滨江路、市政用地、绿地、置换地的收储改善了旧村和物业改造的外部环境，提高了物业租金价值，土地使用经济效益得到提升。

通过改造，渔人码头实现从原年产值不足 1 千万元到 2015 年交易额超 30 亿元，为政府带来约 2.5 亿元的税收。W 开发商税收贡献也从 2013 年的 47 万元大幅增加至 2014 年的 505 万元（不含园区其他公司）。渔人码头的开发正值国家推动"大众创业，万众创新"的背景下实施，通过村级工业园改造发展创客空间。截至 2015 年底，渔人码头一期已有 826 家企业入驻（表 7-13），形成初具规模的服装、设计、电商总部等创新企业发展平台[①]，提供就业岗位约 6000 个（广州市城市更新局，2016）。

表 7-13　渔人码头一期部分已进驻企业情况

范畴	组团名称	进驻客户数量 / 户	已进驻比例 /%
孵化基地	星坊 60 华侨仓	35	80
	Loft54 商墅	63	85
初创区	Soho54 社区	568	55
商业配套	创客餐街	32	45
	水产世界	128	75

来源：番禺区 LX 村更新策划方案，2016。

---

① 其中，规模较大的总部企业有连锁品牌类"果果服饰"，其 O2O 交易年销售额已超 10 亿元；从事孕产女性用品的电商品牌类"淮杰实业"，年交易额逾 35 亿元。此外，环保类企业"石头造"成为园区首家上市企业；规划设计类"东方园林"、网络科技类"天牛网络"、儿童产品类"彩道实业"等多家企业正筹备上市（广州市城市更新典型项目介绍汇编，2016）。

2）开发商

W 开发商用于旧厂房改造的投资为 3.75 亿元，若加上渔人码头三期旧村庄的微改造，总投资为 5.35 亿元。开发商的收益主要来源于村级工业园改造后物业租金的上涨。政府对滨江绿地的打造、市政设施的完善改善了旧村外部环境，提高了物业价值。2015 年，洛浦街的集体商业物业平均租金仅 18 元 /m²，而渔人码头园区内的物业租金价格达 100 多元 /m²，临江边物业租金达 200 多元 /m²。渔人码头一期建成后，开发商的租金收入已从 2013 年的 803 万元提升至 2014 年的 1762 万元（广州市城市更新局，2016）。根据广州市城市更新局测算，渔人码头整体开发完成后，租金收入可达 8000 万元；2020 年渔人码头整体租金收益将达 10.16 亿元，扣除上交给村集体的租金，开发商净收益达 6.4 亿元。2015 年改造后，渔人码头已成为番禺区北部的重要旅游地标，纳入了广州市城市名片及广州市旅游地标（图 7-12）。

图 7-12　LX 村村级工业园集体物业改造前后
来源：广州市城市更新局，2016

图 7-12 续

3）LX 村村集体

微改造项目不涉及土地产权的转移，仅依靠市场主体投资进行物业的局部拆建，建筑物的功能置换、保留修缮。投资商需要在租赁期内尽快收回投资成本，实现盈利，改造后物业对外出租价格会大幅提升，村集体的土地租金也会持续上涨。2010 年 LX 村村级收入仅 1105 万元，集体物业租赁收入仅 497 万元。LX 村村级工业园改造按照规划向政府提供了公共服务设施和道路等公共用地，村集体无需向政府补交土地出让金就可将集体土地转为商业用途。到 2015 年渔人码头一期建成后，村级收入上涨到 1277 万元。根据广州市城市更新局测算，渔人码头建成后村集体 20 年的租金收益将达 3.76 亿元，折合年均 1880 万元，是 2012 年的近 4 倍。

自 2006 年开发商开始整体租赁 LX 村集体旧厂房以来，集体旧厂房改造经历了非正式更新到三旧改造背景下的正式更新转变，改造内容从单个集体旧厂房物质性更新延伸到整个村级工业园的土地产权合法化、公共配套完善。改造方式都是以不拆除房屋、不改变产权主体的微改造为主，改造模式从临时性改造发展为土地流转出租改造。2016 年政府的介入完善了渔人码头周边的市政与交通基础设施，打通了滨江绿地，促进了区域的土地价值提升，为 W 开发商投资提供了收益保障。土地流转出租改造，本质上是通过集体土地开发和经营主体的转化、市场资本的投入兑现土地经济价值。这种模式既保留了集体土地权属，也使村集体和开发商都获得了土地租金升值收益，政府获得了税收和社会公共利益，是一种共赢的改造模式。三旧改造以来，除了 DJ 村以外，番禺区的村级工业园改造都采取了这种产权重构模式。

7.2.3 集体建设用地再开发中的政府、村集体与市场主体

根据上述两个案例在土地再开发中的产权重构过程剖析，可以发现，成功实施的改造项目都是建立在政府、村集体与开发商共赢的基础上。村集体通过三旧改造将非合法用地合法化，并且保证了土地租赁收益的提升，通过补交土地出让金获得了集体土地从工业向商业的用途转换。政府的收益并不在于土地出让收益，而是获得城市治理的政绩、节约下来的宝贵的建设用地、产业转型带来的潜在财税。开发商减少了在土地一级市场拿地的环节，通过经营性物业和商品住房的开发，获得了土地租金差（表7-14）。在三旧改造中，政府利益、农村集体利益和村民个人之间的利益分配能否获得平衡，产权重构的成本能否足够低以致不破坏现有各方的收益均衡结构等因素都影响着集体建设用地再开发的实施。

表7-14　政府、村集体与市场的投入和收益分享

	投入		收益	
	资金投入	非资金投入	经济收益	非经济收益
政府	财政资金投入用于基础设施建设、安置房补贴	储备地投入、政策支持、制度成本	产业升级形成的税收、土地出让收益、集体建设用地使用权流转的各类税费①	社会效应、治理绩效、环境改善
村集体	土地用途转换补交土地出让金、非合法用地确权罚款	公共用地献出、留用地欠账指标抵扣	稳定的租金收入	土地/物业产权合法化，抵押融资权能完善，资产价值显化
市场主体	土地整理费用、拆建费用、各类赔偿费用、资金链维持成本	人力资源、信息搜寻成本、协商交易成本	建成物业出售收入，土地/物业的持续租金及增值	优质区位、社会信誉、政府认可、潜在荣誉（如旅游地认证）

---

① 根据《广州市集体建设用地使用权流转管理办法》（2015）第二十六条规定：集体建设用地使用权出让、转让、出租和转租，应当依法缴有关税费；集体建设用地使用权转让发生增值的，应当依法缴交土地增值收益。具体标准参照广东省有关规定执行。

▶ 7.3 本章小结

2016 年，三旧改造实施从政府主导转向村集体主导，改造模式从土地权利转移转变为土地权利保留，满足了村集体维持土地集体所有、完善违法用地确权、村庄不解体的基本诉求，推动了村级工业园的改造。福利型的集体经济组织和对租赁经济的依赖促使村民倾向于交易费用低、风险小、短期收益高的流转出租改造模式，集体土地再开发止步于土地流转出让这一长期的市场化行为。三旧改造大多数通过保留集体土地产权，依靠土地流转出租实施，并没有实现集体土地产权转国有、流转入市的目标。改造后大部分土地所有权仍然掌握在村集体的手中，集体土地仍然难以获得国有土地稳定的产权结构，难以带来更高质量的开发。村集体恪守安全第一、风险最小的集体资产经营理念，反映了原子化的村民"分利不分险"的小农安全逻辑、机会主义短期利益思维和福利型集体经济组织保守的土地经营模式。

土地所有权和开发权的归属决定着土地租金的分配。只要土地所有权仍在村集体手中，村集体就可以提出符合自身利益最大化的开发条件。通过对番禺区两个村级工业园（集体物业）改造项目的土地产权重构和利益分配剖析发现，成功实施的改造项目都必须符合土地所有者（村集体）、投资方（开发商）在经济上的双赢，村集体租赁收益不降低成为实施改造的底线。三旧改造中地方政府弱化了对一次性土地出让收益的追逐，政府的获益主要在于产业结构转型、土地集约利用、税收增长等社会效益和治理成效。改造实施的推进离不开地方政府在土地管理、财务、招商组织等方面的支持。DJ 村、LX 村两个改造案例反映了基础设施建设和政府财政支持对改造实施的显著作用，三旧改造具有政府公共治理的意图。集体土地再开发内在受到农村集体自身的小农安全经济逻辑和机会主义短期利益思维的潜移默化的作用，外在受到市场主体对土地开发制度环境的认知影响及政府出于经济理性对改造项目的扶持。

第 3 篇

机制解释

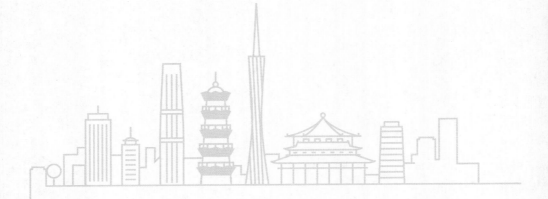

第 8 章
集体建设用地再开发的产权规则建构困境

　　通过对集体建设用地再开发项目的实施案例分析发现，村集体采取保留集体产权的流转出租改造模式，集体土地难以完全兑现市场化使用的经济价值。为何村集体不愿将土地入市、转国有，以获得更高品质的开发和获得更高的租金收入？政府的投资能够显著推动集体旧厂房、村级工业园的升级，为何政府没有进一步加大投资推进改造？本章将根据产权规则建构的分析框架，从法定产权规则、经济产权规则和社会产权规则 3 方面分析集体建设用地再开发的深层次困境。

▶ 8.1 法定产权规则建构的困境

8.1.1 土地开发权竞争与村集体的产权认知

我国并未设置独立的土地开发权，但是伴随着城市化的快速发展，在城乡交错的半城市化地区，集体土地开发权的归属成为城市更新难以绕开的话题。土地开发权作为一种排他性权利，与土地开发利用的增值收益分配密切相关（史懿亭等，2017：87）。村集体对集体土地的"类所有权"使集体土地开发权的私权色彩浓厚。在村民看来，土地是否合法是政府管制的结果，集体土地作为农民私有财产并不存在非法使用一说，村集体不愿为非合法用地确权"买单"。伴随着城市边缘区土地增值，政府与农民集体围绕模糊的土地开发权展开持续的争夺。产权竞争的背后是对土地使用权和收益权的争夺。

首先，农民集体对土地长期的非农化使用使其形成了对土地开发权归属村集体的产权认知。在珠三角，在土地开发权的竞争较量中，政府始终处于被动状态。20世纪70年代以来，农村自治的工业化路径从一开始就得到了地方政府的默认，从而建立了农民对土地开发权归属村集体的认知。70年代末在国家发展乡镇经济的政策支持下，番禺乡镇出面为村集体寻找资金与关系，发展乡镇集体企业。80年代集体租赁经济逐渐取代乡镇集体企业，形成"村村点火、户户冒烟"的农村工业化格局。在自上而下的农村工业化过程中，乡镇政府、早期的社队企业家都起到了正向的推波助澜的作用。农民对土地的长期非农化使用得到了政府的默认，潜移默化地构建了农民对土地开发权利的归属感。在建设用地指标紧缺的背景下，城郊集体土地的经济价值凸显，农民对土地的财产意识增强，村集体不愿土地增值收益被政府和开发商占有。2002年以后，珠三角各地出台的集体建设用地使用权流转政策正式化了农民对集体土地的开发权，实际上承认了长期存在的与国有建设用地并行的集体建设用地市场，并试图纳入政府的管治范围。广东省的三旧改造土地产权制度改革进一步放大了农村集体的土地开发权利，不断增强集体土地开发权的私有性，固化了村集体对土地开发权的私有属性的认知。

其次，留用地制度的设置强化了农民集体对土地开发权归属村集体的认知和土地征收过程中的权益争夺意识，助长了村集体利用留用地资产进行村庄自治的空间。留用地制度通过赋予征地农民土地开发权，也重构了国家与农民集体之间的土地权利关系（曹正汉，2011；Wong，2015）。截至 2016 年，番禺区共有 8.35 km² 留用地已办理规划选址或已获得规划证，其中取得建设用地批准书的面积达 2.15 km²。留用地开发与三旧集体旧厂房用地再开发之间存在实施先后的竞争关系。留用地开发摆在了优先位置，每届村集体的一项主要经济任务是对取得建设用地批准书的留用地招商，固化对留用地的开发权，扩大集体经济的发展空间。2015—2017 年，番禺区各镇街有约 580 hm² 的集体工业和商业用地正在寻求招商开发。其中留用地 71 宗，合计 241.64 hm²，占比 41.7%[①]。

留用地落地由于制度的不完善存在高度的不确定性，政府掌握着留用地选址、批建、落地的主动权，农民集体对留用地的开发权受到公权的掣肘。在村集体看来，留用地是被征地的村集体应该享受的权利，集体旧厂房改造不能以牺牲这部分权利为前提。在与多个村民的访谈中，村民常常将政府征地补偿、留用地落地的诉求抛出。在番禺区村级工业园改造中，XC 村、SD 村、TG 村、ZB 村、XQ 村等区位条件好、留用地指标存量较多的村庄，对留用地落地发展集体经济"寄予厚望"，不愿抵扣留用地指标（番禺区城市更新局，2014）。而没有留用地欠账指标的村庄，大多数村由于村级工业园面积小，也不愿接受移交 30% 的土地或建筑面积作为获得改造的条件。

综上所述，产权是人们围绕稀缺资源的使用与获益而展开竞争所形成的均衡结果（曹正汉，2011）。政府对农民土地非农化使用的默认及对后续留用地制度、集体建设用地使用权流转制度和三旧改造等制度的设计，形成了土地开发权归属村集体的产权私权性认知，固化了农村集体作为产权强者在认知和行动上的路径依赖。村民坚信集体土地所有权代表了永久的开发权和收益权，政府难以通过强制性的制度变迁促使农民放弃这项权利。基于对集体土地的事实占有（无论是否合法），村集体占据了利益博弈的主动地位，在三旧改造过程中，农民对土地开

---

① 来源：番禺区招商办公室招商网。

发权的固守极为坚定。村集体对政府已经承诺的留用地指标表现出强势的占有逻辑，提高了土地再开发过程中利益博弈的交易成本。

8.1.2　土地产权缺陷下的市场主体动力不强

当前，集体建设用地的转让权和抵押权仍然残缺，导致开发商无法以土地抵押进行融资，有意向租赁村级工业园的企业普遍面临融资困境。民营资本进入旧改只能采用经营权来贷款，在项目建设阶段无法取得银行信贷资本和政府的贴息资金[①]；虽然广东省各级农商银行、农村信用社愿意接受集体建设用地使用权抵押，但通常是基于企业的经营和信用记录，而不是集体土地使用权。其他金融机构，包括四大国有商业银行都不接受集体土地使用权抵押，这在客观上制约了集体建设用地开发的实施（王大伟 等，2013；张燕生 等，2017）。根据广州市城市更新局《关于进一步规范旧村合作改造类项目选择合作企业有关事项的意见》（穗更新规字〔2018〕1 号）的规定，参与旧村合作改造的企业应近 3 年内无不良诚信记录；企业注册资本不少于 1 亿元，同时需提供不少于 2 亿～3 亿元的履约金（现金）[②]。在集体土地担保物权的缺失下，投资主体需要自行筹措资金，这给改造主体设置了较高的准入门槛。对于成片大面积的村级工业园再开发，只有大型投资商或政府才有能力介入，一般小企业显然难以承担如此高昂的改造前期投入。小型企业只能投资资本需求较低、实施效率较快的旧厂房微改造项目。但是投资集体旧厂房改造的企业迫切希望提高租金，短期内回收改造投资和实现盈利，集体旧厂房微改造以后的租金成本普遍高于周边国有土地的办公物业（岑迪 等，2017），导致集体旧厂房微改造市场动力不强。

番禺区实施房地合一的不动产登记政策，集体建设用地由外来企业投资建

[①] 例如，广州市天河区工业园改造项目"智汇 PARK"负责人认为：集体土地融资难度非常大，他们向银行贷款是把自然股东的房产押出去的，而且银行给的贷款周期非常短，要 1~3 年就把款还完，租金回收却很漫长，前期压力非常大（来源：钟恺琳，2016. 城市更新共赢，路在何方？——场关于城市更新的思想盛宴 [J]. 房地产导刊（7）：6。

[②] 来源：广州市城市更新局关于印发《关于进一步规范旧村合作改造类项目选择合作企业有关事项的意见》的通知（穗更新规字〔2018〕1 号）。

设开发物业，在实施产权登记时，实际要将其登记为村集体物业，投资商的权益得不到保障。"假如发生纠纷，即使先前签订合同，但村集体总有办法让投资企业离开。"（王大伟 等，2013）BH 地产公司反映"开发商投入资金承租集体土地流转改造，产权还是村集体的，名义上没有合法化，权益没有保障，资金回笼周期慢，小型开发商不会考虑这种模式"。越来越多的企业要求物业实现分割登记、分拆销售，而集体土地开发只能整体转让或自主经营。集体土地通过流转出租再开发在没有政府政策支持、信誉担保和资金介入及较高的土地租金保障情况下，很难吸引投资商进行高品质的物业开发。

考虑到集体建设用地确权后，集体建设用地流转、入市对国有土地一级市场和经营性物业市场将形成冲击，自三旧改造以来，地方政府有意控制了完善历史用地确权报批工作的进程。大量非合法用地存在复杂的历史产权遗留问题，土地所有权和使用权确权的复杂性收缩了集体土地获得高质量改造的通道。参与集体建设用地使用权流转的用地必须已依法取得集体土地所有证和集体土地使用证。由于土地使用权确权的滞后，大部分村集体不具备实施三旧改造的条件。由于产权限制，市场主体真正能够介入实施的改造项目有限。

8.1.3 集体土地转国有制度设计实施性缺失

作为一种制度性探索，三旧改造政策突破了土地必须征收后转国有的法律规定，农民集体假如自愿，可以不经过征收环节而申请将集体土地转为国有土地，政府需要给予土地出让金的让步。这项制度创新"柔性化"了传统土地征收，试图通过"农民自愿、政府让利"的方式规避土地国有化的利益冲突，赋予集体土地完整的权能。从实际来看，这项产权规则供给实施性缺失。

首先，普遍认为地方政府进行集体土地国有化转制的法律依据源于《土地管理法实施条例》（1999）第二条第（五）项的规定：农村集体经济组织全部成员转为城镇居民的，原属于其成员集体所有的土地属于全民所有即国家所有。这就意味着集体土地国有化转制必须与农村人口城镇化同步。村级工业园改造和旧村庄微改造后，村民户籍并没有转为城镇户籍，集体旧厂房用地转为国有在法理上讲并不成立。根据国务院法制办公室、原国土资源部关于对《中华人民共和国土地管理法实施条例》第二条第（五）项的解释意见（国法函〔2005〕36 号）：农村集体经济组织土地被依法征收后，其成员随土地征收已经全部转为城镇居民，该农村集体经济组织剩余的少量集体土地可以依法征收为国家所有。因此，集体土地转国有必须经过征收的过程。三旧改造的土地国有化协议出让没有经过征收环节，导致法律层面缺乏实施性。

其次，集体土地转国有协议出让必须以参与改造为前提，而村集体缺乏自行投资改造与运营的能力，难以承担投资失败的风险，也不愿冒风险将土地转为国有后融资，大多数村干部对集体土地转国有持抵制态度。通过访谈了解到，村集体及其成员对集体土地国有化转制存在认知上的理性判断："解决集体土地开发的资金问题，可以通过合法化流转出租给市场主体进行改造得以解决。若土地不转制，他们保留了土地所有权和开发权；若转为国有土地，村集体仅享有土地使用权，丧失了土地所有权，这是村民难以接受的。"失去土地后的农民在城市中能否得到与城市居民同等的社会保障待遇也值得怀疑（管见，2013；臧俊梅 等，2017：30）。可见，即使是村干部，也仅考虑到短期的土地租金收入，而不会主动去考虑土地权能完善对土地租金收益的影响。

▶ 8.2 经济产权规则建构的困境

8.2.1 集体土地产权交易的制度不完整

集体建设用地使用权流转市场的建立是集体土地产权交易市场化的基础性制度，也是集体土地使用从私下流转到公开交易的关键。长期以来，集体土地有偿使用制度尚未建立，导致土地私下交易、土地租金流失，农村集体经济陷入"内卷化"状态。基于集体建设用地流转对政府土地一级市场的冲击及对土地市场结构、政府收益、社会财富分配影响的考虑，广州市对集体建设用地使用权流转持谨慎态度，直到 2015 年才正式出台地方性的流转管理办法和实施细则。截至 2017 年末，广州市尚未建立集体经营性建设用地流转入市管理制度；集体经营性建设用地出让入市的产业引导，土地抵押融资管理、土地增值收益调节等政策尚未明确，特别是集体建设用地产权交易的市场定价与评估一直难以确立，影响了村集体对土地流转入市改造的认知。

2013 年，番禺区农村资产三资平台交易的建立正规化了集体旧厂房和物业的流转出租行为。但是进入三资平台交易的集体物业大部分存在无证或产权不清晰的现象，平台交易底价由村集体经村民主议程拟定，并没有专业估价[①]。广州市集体建设用地使用权流转办法也仅仅规定了流转出让的集体建设用地价格不低于国有建设用地基准地价修正后的价格的 30%，但并无具体的价格体系，村集体难以确定土地出让的合理的市场价格[②]。农民担心土地流转确定的出让价随着地价升值而吃亏；考虑到集体土地价值的预期升值，村集体普遍存在机会主义的惜售心理，宁愿选择短期的出租以掌控土地经营权，也不愿意将集体土地长期地流转出让给市场。越是区位好的旧村，农民越是不愿意将土地流转出让。

由于集体建设用地的物权经营权还没有法定化，集体建设用地流转出让到期后土地是否归村集体尚没有国家法律解释，村民对集体土地制度不完整及市场可能存在的非正式操作和欺诈行为感到恐惧（魏立华 等，2017）。集体建设用地流转出让的周期长达 40 ~ 50 年[③]，远高于流转出租的周期 20 年。村集体对土地流转政策的有效期和稳定性持质疑态度，担心土地流转入市后到期无法收回土地。村集体对土地转租、转让二级流转缺乏意愿，担心多次流转后最终失去土地，甚至带来债务牵连。三旧改造以来的集体土地产权制度改革虽然完善了集体土地的法定权能，但是由于集体土地产权交易制度的不完善，市场化的集体土地交易行为仍然难以实现。

---

① 交易没有最低价格限制，交易底价由村集体经村民主议程拟定并公示后确定，一般由村民根据周边资产市场价经民主程序来定，村民定不了的，政府会给出一个指导价。形式主要有多次举牌竞价和一次性递交报价文件，价高者得（广州市房地产研究中心，广东中地土地房地产评估与规划设计有限公司，2016）。

② 根据《广州市集体建设用地使用权流转管理办法》（2015），以出让方式流转的，委托具备 B 级以上资质的土地评估机构评估集体建设用地市场价格后，确定出让底价。

③ 商业、旅游、娱乐用途出让年限最高不得超过 40 年；工业、仓储及其他非住宅用途出让年限最高不得超过 50 年；集体建设用地使用权出租期限不得超过 20 年。

8.2.2　三旧改造中政府治理的有限理性

三旧改造是在政府主导下自上而下的存量空间治理过程，地方政府与市场建立了"委托－代理"型的契约式合作关系，以解决旧改的融资问题，无论是村集体还是开发商，必须在政府确定的利益分配框架下实施改造。无论是土地利益调控还是空间规划管制，政府的单向管治都存在有限理性。

政府主导土地利益的调控，反映在政府对政策实施的灵活调整，项目审批的裁量权和利益调控环节的全面参与。城中村改造的"一村一策"原则，使政府可以主导改造的土地增值利益调节（Chung et al., 2011）。2009—2017 年，三旧改造经历了 3 个时期（表 8-1）；总体来看，村集体获益不断增加，开发商参与三旧改造的门槛不断增高，所获得的利益却在缩小[①]；三旧改造陷入了"政府不放权，改造无动力"的困境，助长了村集体实施改造的预期收益，提高了改造成本。

表 8-1　2009—2017 年集体旧厂房改造的政策调控

时期	土地再开发条件	土地利益分配	改造项目审批	改造项目数量 / 个
2009—2011 年	符合三旧改造基本条件	村集体获益过多	鼓励整村改造	2
2012—2015 年	留用地抵扣，整村捆绑改造	平衡村集体与政府获益	仅审批整村改造	1
2016—2017 年	留用地抵扣，符合条件的村级工业园可先行改造，允许微改造	压缩市场主体获益[②]	放开单独改造审批	28

---

① 如自主改造类项目引入社会资本或进行融资，负责开展自主改造的村集体经济组织全资子公司转让部分股权均视同引入合作企业改造，区政府要参与项目实施时的利益调节分配，这对开发商的参与积极性造成了一定的影响。

② 如旧村庄改造经济平衡后规划节余部分建筑面积（用地）由市政府、区政府、村集体进行分配。引入合作企业的，公开选择能够在更少的融资面积数量下提供相同的改造资金的开发企业，通过竞争节余融资面积扩大政府和村集体的收益分配。

单方面的土地利益调控，对投资集体土地改造的市场主体来说会产生利润空间的不确定性。开发商参与集体建设用地再开发可获得的收益来源于改造后可出售的经营性物业（又称为融资建筑面积）。根据广州市三旧改造政策，开发商参与旧村庄改造的融资建筑面积 = 改造总成本 / 融资楼面地价。在旧村庄改造中，拆迁、复建成本相对稳定（排除钉子户等极端情况），融资楼面地价成为决定开发商利润的关键指标。由于三旧改造涉及改造策划、实施方案编制、村民意见征求、行政审批、补偿安置协议签订等多个环节，与村民的补偿安置协议在项目实施方案批复后 3 年内签订都有效。大多数开发商从项目策划就已开始介入，旧村庄改造从策划到签约的周期普遍都在 2 年以上；若改造方案无法一次获得超过 80% 的村民签约比例，改造项目的周期将至少在 3 年以上。自 2009 年以来，番禺区新建商品住房价格持续上涨（图 8-1），加上政府对融资楼面地价的调控[①]，

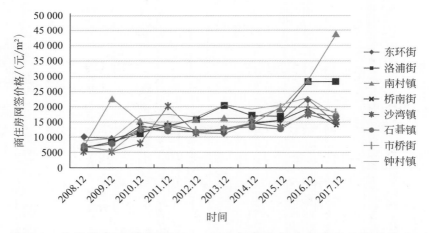

图 8-1　番禺区部分镇街 2008—2017 年商品住房网上签约价格变化

来源：广州市房地产市场运行情况 . 阳光家缘 . 部分镇街数据不全，因此只罗列数据全面的镇街

[①] 旧村庄改造融资楼面地价的确定程序为：片区策划方案上报市城市更新部门前，由区政府委托有资质的评估机构评估，并按规定审议融资地价；项目实施方案上报后，由市城市更新部门会同国土部门进行审核并可组织专家审议、多家评估公司比选，出具融资地价的审核意见后报市城市更新领导机构审定。融资楼面地价应当参照半年内的土地公开出让价格和周边区域新建商品房交易价格（广州市城市更新办法，2016）。

开发商获得的利润空间高度不确定，直接影响其投资的信心。笔者采访的 5 家开发商普遍反映由于改造政策的不稳定性，很多改造项目进行到一半就终止了。参与南村镇 NC 村旧村全面改造的广州市 JQ 地产公司负责人认为："三旧改造经过多轮上报审核，楼面地价一直在往上提升，导致改造项目的利润不确定。NC 村的改造 2011 年开发商就已正式介入，至 2017 年末仍处在谈判阶段，随着楼面地价上涨，最后改造获益无法预估（广州市 JQ 地产，2014 年 11 月采访）。"自 2015 年起，南村镇的新建商品住房价格已经位于番禺区最高水平，NC 村改造前景高度不确定。由于城市更新中很多隐形的交易成本未考虑进来，政府主导的基于社会稳定的土地再开发利益分配方案虽然保证了改造投融资平衡，但是投资方的经济利益受到政府调节压低，最终导致改造项目实施率低下。

实施集体建设用地改造必须符合土地利用总体规划等宏观层面的规划。当前，决定城乡建设用地供给及分配的土地利用总体规划、控制性详细规划仍受到"城市偏向"的制约（魏立华 等，2017）。宏观层面的空间规划缺乏对农村集体经济和产业发展的考虑，难以指导具体地块的改造。在番禺区土地利用总体规划中，88% 的用地属于建设用地，12% 的用地属于非建设用地。番禺区村级工业园中有 6.19 km² 在限建、禁建区之内。这部分被划入非建设用地和禁建、限建范围内的村级工业园对生态环境保护构成隐患，按照现行政策只能拆除，无法参与三旧改造。但是村民并不会因为非建设用地的规划管制而放弃对这部分土地的开发权和持续的租金收益。在规划空间政策上，目前尚未建立起实质性的空间权益转移机制，导致这部分与上位规划存在刚性冲突的集体建设用地调整处于僵持状态。

番禺区在 2011 年已经实现了控规编制全覆盖，对应控规，高达 33% 的村级工业园用地属于非建设用地；根据控规，改造后经营性用地只有 39%，毛容积率只有 0.6，低于村级工业园现状平均容积率 0.77，显然不符合"做大蛋糕（开发量），再谋分配"的改造规律。在技术上理性的上位规划，缺乏对土地产权关系和村集体利益的考虑，缺乏土地利益调控的空间实施机制，反而成为集体土地再开发的"绊脚石"。几乎每个项目改造都要经历控规修编环节。繁复的规划调整和改造审批程序，增加了改造实施的不确定性。

8.2.3　政府无力无心承担改造经济成本

集体土地统筹开发需要大规模的前期资金投入，包括拆迁补偿、土地租金预付，土地整理，道路、市政等基础设施投入，土地开发相关的各项费用。根据广州市旧村庄全面改造成本核算办法（2016）[①]测算，光集体旧厂房的建筑成本补偿就需要 357.3 亿元（其中村级工业园需要 251.7 亿元），是番禺区 2016 年一般公共预算收入 81.82 亿元的 4 倍以上。从政府财政来看，政府无力和无心承担如此高昂的经济成本投入改造。

自 2000 年番禺撤市建区以来，区财权迅速减弱，土地出让收入全部收归市级，而城市建设和社会管理的事权却在下放，财力与事权严重不匹配。随着 2006 年、2009 年和 2012 年广州市 3 次调整对区（县级市）财政的管理体制，2016 年广州市在番禺区年度新增财力的分享比例已超过四成，成为广州市内上划财力最多的地区之一（黎智威，2014）。番禺区大量区级财政收入上收市级，地方公共财政收入占地区生产总值的比例比广州市明显偏低（表 8-2）。广州市城市南拓对市政交通基础设施的投资增大，加之 2005 年以后，番禺区为筹办广州市亚运会出钱出力出地，融资建设亚运配套设施等重点工程项目，区政府融资付息和偿还贷款面临巨大资金压力，财政收支"入不敷出"（图 8-2）。区政府财政出资租赁集体土地统筹土地开发的能力已非常有限。2010—2013 年，番禺区投入三旧改造的财政资金等达 12 959 万元[②]，但是区财政所获得的 20% 的土地出让金仍旧难以覆盖投入的成本（番禺区财政局，2014）。相比集体土地再开发烦琐的土地交易和拆迁补偿程序，政府投资国有土地开发拉动经济的效率高得多，能

---

① 有产权证的集体物业，临迁费按照 30~60 元 /（m²·月）的标准补偿 3 年，房屋拆运费用为 30 元 /m²，有证物业按照 1∶1 核定复建量或按现有用地面积和容积率 1.8（毛）计算权益建筑面积。其建筑安装工程费由村集体自筹，不计入改造成本。无产权证的集体物业，房屋拆运费用为 30 元 /m²，房屋建筑成本补偿为 1500 元 /（m²·月）。2012 年番禺区集体土地的旧厂房为 37.22 km²，按平均容积率 0.64 计算，共有集体旧厂建筑面积 2382 万 m²，村级工业园内建筑面积约 1678 万 m²。

② 包括财政垫付各镇街违法用地处罚款（其中村级工业园违法用地的处罚款总面积约 1 万亩）、三旧改造方案编制费用、完善历史用地手续土地的勘测定界经费、安置补偿款及临时安置补助费等（番禺区城市更新局，2014）。

够在短期内获得社会认可和政绩成效。政府也更倾向于村庄的全面改造，将集体土地转变为国有，成为政府控制的正式空间，实现农村空间的"彻底重构"。政府缺乏投资统租集体土地进行再开发的动力。在三旧改造中，政府行政成本和经济成本的投入，取决于城市建设用地资源的稀缺程度、地方政府的财力及对土地财政的依赖程度。

表 8-2　广州市和番禺区地方公共财政收入占地区生产总值比例　　　%

地区	2008年	2009年	2010年	2011年	2012年	2013年	2014年	2015年
番禺区	5.61	5.78	5.94	5.71	6.87	5.34	5.34	5.61
广州市	7.50	7.69	8.12	7.88	8.14	7.37	7.44	7.46

来源：广州市统计年鉴，2009—2016 年。

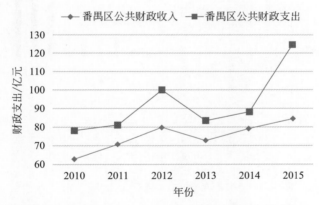

图 8-2　2010—2015 年番禺区公共财政收支情况
来源：根据番禺区统计年鉴绘制

从番禺区各镇街的公共财政来看，收入主要来源于上级财政拨款，镇街大部分的税收收入都收归上级政府，是典型的"吃饭财政"，镇街的公共财政根本无力统筹集体建设用地开发。从 2013 年镇街财政收入和村级收入的比较来看，16个镇街中大龙、石壁、小谷围、桥南、东环、沙头、市桥、钟村、洛浦、大石等 10 个镇街的财政收入低于下辖村级收入的总和，部分镇街财政收支难以相抵（图 8-3，图 8-4）。此外，镇街基层与乡村集体经济有着千丝万缕的非正式经济联

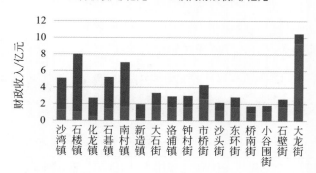

图 8-3　2013 年番禺区各镇街财政收入与村级收入情况

来源：根据番禺区 2013 年各镇街收支预算总表和番禺区行政村历年经济收支情况表绘制

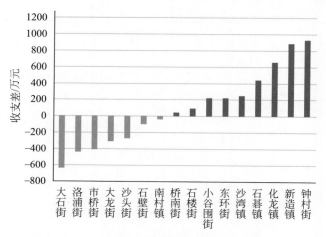

图 8-4　2014 年番禺区镇街财政预算收支差

来源：根据番禺区 2014 年各镇街收支预算总表测算汇总

系①。番禺区在 2000 年行政区划调整之前所得土地租金在区 – 乡镇 – 村集体组织三级分成比例基本为 2∶3∶5，且乡镇和村集体之间可以进一步协商，分成灵活（雷诚，2010）。在缺乏上级政府压力的情况下，基层政府基于本身的利益考虑往

---

① 根据国务院法制研究中心对南海的调研，南海乡镇财政除了预算内之外，还有一块依托于土地相关的收入形成的预算外财政，包括土地非农化带来的间接福利性收益（治安、教育、文化、清洁等收益）。土地和物业的流转出租也产生大量劳动人口在本镇街的生活消费需求，带来了间接的税收。

往对集体非正规经济任其发展，甚至对集体土地的违规开发与非正式更新采取默认或"不作为"的态度。镇街与村庄对集体建设用地吃租的"合谋"，既可满足村集体经济发展的诉求，又可增加镇街的预算外收入（魏立华 等，2010）。综上所述，从短期经济效益来看，任期制下的地方政府没有实施集体土地再开发这一长期性投资经营土地资产的能力和动力。

8.2.4 村集体内部高昂的产权交易成本

三旧改造本质上涉及集体资产交易，集体资产交易在村庄内部是极其敏感的经济事务，复杂的实施程序和村庄内部的产权重组将产生高昂的交易成本，使改造实施具有不确定性。

根据《广州市农村集体资产交易管理办法》(2015)，集体资产交易 [①] 实行村（社）长（理事长、董事长）负责制，交易方案按照层级民主决策制度进行表决。为避免合作社投资失败、村干部贪污腐败，集体成员需要主动关注、监督体制精英对集体经济发展做出的每一项决策（袁奇峰 等，2016）。2012 年以后集体建设用地改造涉及的土地和物业物权转移、补偿安置方案、改造方案、实施计划及股权合作、土地转性等重大事项决策都要经过村委会、家庭户代表和全体集体成员 3 轮表决，最终必须经村集体经济组织 90% 以上成员同意方可生效。即使是进入三资平台进行的集体资产租赁业务，也需要经过村民股东（或股东代表）的投票表决、村民监督委员会成员对交易全过程监督，避免私下交易滋生腐败。村民代表的个体利益与村集体的集体利益往往并不一致。农村集体资产交易的民主决策必然产生个体利益与集体利益的冲突，一定程度上增加了集体资产产权重组的交易成本。

在村集体内部，各自然村由于土地区位和经营差异，导致租金收益不均，生产队（村民小组）之间的利益博弈成为行政村整村统筹改造的主要障碍。番禺区共有 177 个行政村，下辖 1367 个生产队，其中有 48 个行政村的土地经济收益

[①] 农村集体资产交易，指将农村集体资产进行承发包、租赁、出让、转让及利用农村集体资产折价入股、合作建设等交易行为（《广州市农村集体资产交易管理办法》，2015）。

是"行政村 – 自然村"两级分配结构（图 8-5）。不同自然村所拥有的土地、股份和经济收入等存在较大差异[①]，生产队成为股份合作社内部的次级利益集团，对集体土地再开发的诉求亦会有所差异。对于大部分生产队独立核算集体资产经营的自然村，村民不愿将土地交出在行政村范围内统筹集中开发，制约了集体建设用地在村域范围内整体改造。分散在自然村的细碎的集体土地单宗面积平均仅 2.25 hm²，扣除必要的公共基础设施配套后几乎难以使用，集体建设用地必须通过整合才能实现规模开发。要将分散的存量建设用地在行政村内甚至是跨村域整合，势必会产生土地整合、集体资产分割重组、内部股权设置等交易成本；生产队之间土地整合的利益协商成本高昂，大大增加了整村改造方案在行政村内部接近一致通过的难度，往往最终到行政村层面难以实现三旧改造 80% 以上的一致同意率。此外，村庄内部不同宗族之间的矛盾，外嫁女分红诉求、自然村利益协调等问题相互缠绕，导致土地从自然村整合到行政村非常困难。

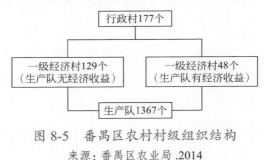

图 8-5　番禺区农村村级组织结构
来源：番禺区农业局 .2014

此外，三旧改造涉及集体土地使用权确权、历史违法用地确权，这都将触动村庄淤积的历史遗留问题，引发村社与政府乃至村社内部的利益冲突，无论是村干部还是政府，都不愿触碰。部分土地历史遗留问题突出的村庄甚至认为三旧改造是政府通过新一轮的"圈地运动"来剥夺农民的土地财产。目前唯一能够推动土地整合的渠道只有尚未开发、产权清晰、没有纠纷的留用地。如在小谷围街建广州市大学城，区政府整合了 16 个被征地村 15% 的留用地指标在化龙镇开发广

---

① 以沙湾镇 LQ 村为例，2014 年每股分红额为 180 元，21 个村队所掌握的股份金额大小差异达到了 4.8 倍。

州市国际展贸城。政府财政能力的缺乏也导致政府统筹整合土地资源实施改造的模式无法推广。

▶ 8.3 社会产权规则建构的困境

8.3.1 股份合作制下的村庄治理缺陷

20世纪90年代末，番禺县村庄已基本完成股份合作制改革，股份合作经济社作为具有经济理性的法人单位，独立经营核算、封闭运作，保留了农村社区属性和乡土社会的生活秩序与原则（梁国维，1994）。土地股份社普遍存在着"平均主义占有权"及"保障生存权"等地方性产权规则（郭亮，2012）。村民与集体经济组织形成了高度组织化的利益共同体，这种共同体得以凝聚的经济基础是"守护型经济模式"和"弱性内部市场保护机制"（蓝宇蕴，2005）。股份合作社的产权组织特征导致农村集体对土地资产的经营存在短视性（short-termism）和机会主义（opportunism）倾向。由于股民成员不愿承担经营风险，故他们选择低价将土地的经营权让渡给能够承担经营风险的投资者，从而通过经营出租土地和物业以获取稳定的租金。土地出租短期收益的引力永远高于高投入高风险长周期的开发。增加村级收入和股民分红成为每一届村领导班子获得选票支持的必要承诺。

受迫于选民集体成员每年分红增长的诉求，股份合作社不得不压缩村级留存资金，扩大股份分红比例。2013年番禺区行政村村集体收入总量达28.95亿元，村集体可支配纯收入20.2亿元，可支配纯收入中集体分红达13亿元（占比44.91%[①]），股东平均每年分红3465元。村福利费、管理费、干部报酬占村可支配的纯收入的比例达35.64%，折合村均407万元。村集体留存资产仅8.75亿元（占比30.22%）[②]，显示出土地股份合作社"重索取与分配、轻积累与发展"的运

---

① 来源：番禺区委农村工作领导小组（2014）提供资料测算。
② 来源：番禺区委农村工作领导小组（2014）提供资料测算。

行逻辑。对于集体经济收入较少的村庄来说，扣除村庄管理费等运营费用及必要的集体分红后，难有经济留存（表 8-3）。由于集体土地尚不具备抵押权能，村集体筹资能力局限，为了提高物业租金，村集体往往在村集体留存中拿出部分资金用于物业的低成本改造与维护。由于缺乏公共服务配套和基础设施的完善，导致了"村集体廉价物业＋低技术含量（企业）资本"要素组合的路径依赖（魏立华等，2017）。

表 8-3　2013 年番禺区村集体收入支出结构

收入和支出		总量 / 亿元	平均每村 / 万元
村集体收入		28.95	1636
村集体可支配纯收入		20.2	1141
支出	集体分红	13（占比 44.91%）	734
	村福利费、管理费、干部报酬	7.2（占比 24.87%）	407
村集体留存资产		8.75（占比 30.22%）	494

来源：根据番禺区委农村工作领导小组提供资料汇总，2014。

　　村社精英，特别是村庄"一把手"的组织能力、社会资源和道德声望可以大幅度地降低改造的交易成本，扩大集体经济收入留存比例，吸引有实力的开发主体进行高档次的集体土地开发项目。在现行股份合作制治理格局下，一个村庄要出现这样的领导人并得到村民高度信任，是可遇而不可求的偶然事件（曹正汉，2007）。在村干部选举任职制下，早期农村社区的"精英治理"转变为集体成员的"选票交易"，村民的短期机会主义和吃租依赖绑架了村集体社区精英对集体土地资产的理性经营，控制了集体建设用地改造的决定权，以至于保证股民收益不降低的改造方案，还会因为部分村民的把持而夭折，出现反公地悲剧。在广州市，农村集体经济组织社委会（理事会）每届任期为 3~6 年，而村级工业用地的再开发是个长期的系统工程，一届村委会在决策集体建设用地使用权流转方式时很难会做长远考量（彭宝泉，2009）。村庄基层治理的结构缺陷导致其难以胜任大规模、长周期持续的投资改造活动，集体建设用地难以获得最佳利用。

以南村镇 KT 村为例，该村共有东线、南园、西线、永宁大道厂区、西和路厂房 5 处村级工业区，它们分散在村庄各个角落，总面积达 58 hm²。2012 年集体物业出租收益 1654 万元，占到当年村集体经济总收入的 65.22%。扣除支出，集体经济收入节余能有 1594 万元。村集体收入的分配为：给村民每月固定的 350 元 / 人（一年共 1500 多万元），卫生费 200 多万元，治安费 100 万元，环境维护费 100 万元，还有其他工作人员的工资和村里的医疗保险。集体经济收入的节余基本全部用于集体分红。2009 年，该村跻身全国首批 26 个 "生态文化村"之列，村委会曾提出对现状不符合土规且无合法手续的工业用地和位于生态廊道内的工业用地进行复垦，将村级工业全部腾挪至村域东部，集中发展灯光音响制造产业，改变村级工业布局分散、产业类别混杂的局面。但是村干部反映 "村委任期 3 年，3 年后换届选举，做事难以连续"（来源：2014 年 12 月 KT 村访谈）。"锦标赛制" 的选举，客观上使村集体难以有耐心进行村庄存量工业空间腾挪，截至 2017 年年末 KT 村的集体物业改造还是没有动静，空间理性的村庄改造方案难以实施。

8.3.2　福利型社区经济制度路径依赖

租赁型集体经济本质上是一种 "社会经济"[①]，与村庄以外的市场经济相比，集体经济还有更重要的 "社会性" 或 "福利性" 的价值追求，与集体成员的生存保障、群体归属、人际互助、文化心理等直接相关（蓝宇蕴，2017）。集体经济收入对于村庄政治生活、经济运营、社区凝聚起着决定性作用。股份合作制对村庄基础设施、基础教育等公共产品供给缺乏明确的制度安排，村庄的运营管理对集体经济收益高度依赖。村庄的合作医疗、计划生育、学校、幼儿园、治安、老人退休补助、清洁卫生、路灯等福利费用及村干部的工资和奖金、管理费用等开支均来自村级收入。其中，福利性支出占村庄每月运营支出的比例平均为 72%。

---

① "社会经济" 是以社会效益为主要目标、以非政府非营利组织为主要载体、以社会弱势群体为主要服务对象，并能提供不同公共品或准公共品的经济形态。"社会经济" 讲究社会效益为先，其利益配置更注重成员的身份、劳动贡献及成员之间的平等性。

2005—2014年，广州市南拓的背景下，番禺区的流动人口从73.08万人增长到116.48万人，生活在行政村内的外来人口总量达88.4万人，从事非农工作的总人口在103万人左右（番禺区统计年鉴，2006—2015；广州市统计年鉴，2015）。外来人口的增多加大了村庄公共服务和社会治理的负担。伴随着村庄日益沉重的公共服务支出压力，行走在法律和土地制度边缘的农村租赁经济必须最大化集体物业的出租收益，以维持村庄的运营。

土地对村民来说不仅是一种谋生手段，也是一种生生不息的历史延续（何艳玲，2013），这些都是都市非农化村庄中的农民经济安全感和社会安全感的依托。农民对村庄改造排拒的一个重要原因就是农民在村庄改造中产生的不安全感（毛丹 等，2006）。农民集体在"风险规避"和"安全第一"的经济理性下，宁愿保持土地和物业的集体性质，维持短期的出租经济，也不愿将集体土地转为国有权属以用于更高收益的投资。根据广州市第六次人口普查统计，番禺区农村户籍人口中65岁以上的占比达10.1%，高于广州市（6.7%）和番禺区全区（5.1%）老龄人口的平均比例，农村老龄化突出。老年村民对社区化的集体福利非常看重，如过年过节的敬老费、老人退休补助、长寿金、住院慰问费，这些开支占每月福利性开支的比例约为25%。非农化村庄的改造必然触碰农民生存安全的底线，引发农民对未来生活的不安全感。村民担心集体土地流转入市后村庄解体，失去祖辈留下的熟人社会网络、社区福利与农民身份。对集体土地所有权的"占有"能够给农民带来经济上的安全感，"卖了地，子孙后代就没有了可以出租的土地和房子了"（来源：与KT村村民的访谈，2016年6月）。旧村改造后满足其安全需要的替代方式却不易建立。年长的村民难以超越自己对土地的有限视野，土地的保障功能在其认知下远远超越其资产功能。

此外，村民的文化水平普遍偏低，社会保障意识淡薄，安于熟人社会，难以融入城市，依赖不劳而获的租赁经济，安全求稳的思维阻碍了集体土地的升级改造。2016年，番禺区城乡居民基本养老保险参保人数只有97 731人，仅占农村户籍人口的26.7%，大多数村民仍然缺乏社会保险意识（广州市统计年鉴，2017）。虽然村民早已不务农，但绝大部分村民仍旧保留农村户口。2014年番禺区行政村内农村户籍人口达 40.5 万人，其中 80%～90% 的村民是具有集体成员身份的股民。农村户籍人口中大学专科以上学历占总人口的比例仅为 4.3%，低于广州市大学专科以上学历占总人口的平均比例（19.23%），农民难以适应现代社会对就业技能的要求。农村户籍劳动力有 324 143 人，但农村户籍从业人员仅 254 650 人，21.42% 的农村户籍劳动力处于失业/待业状况（即使工作，大多也是在村股份合作社下的公司工作），依靠宅基地的出租屋和村集体分红度日[①]。对于缺乏工作能力、无所事事的村民来说，他们极力希望维持现有的租赁经济，任何改造都必须以提高租金收入、绝对安全为前提。基于集体土地的生存权，农民食租阶层显然没有做好村庄改造后迈入城市生活的准备，对非正式的社区经济制度仍然高度依赖。

为了解村民对集体土地再开发的态度和对村社福利的依赖程度，我们在 LQ 村、LX 村、DJ 村、SK 村、FC 村 5 个村中发放了 300 份问卷调查，有效问卷共回收到 191 份，问卷内容包括住户、收入等信息及对更新的态度（表 8-4）。部分居民不愿公布租金收入、楼面面积等关键信息，部分居民对长期的更新过程和频繁变化的更新政策感到不耐烦（来源：当地居民访谈，2016 年 5 月）。调查结果发现，大多数村民都扩建了自己的宅基地村居，以赚取额外的租金。在受访者中，有 90.42% 的人可以从集体获得每年 3000 元以上的奖金。因此，55.88% 的村民对旧村改造不感兴趣，而更愿意在不搬迁的情况下改善他们的居住环境。30.88% 的村民更喜欢国家主导的再开发模式，只有 13.43% 的村民偏向村委会和开发商合作的联合开发模式。在补偿标准上，84.29% 的村民更倾向于基于现有建筑面积的"拆一补一"，再加现金补偿。由于当地村民的亲属关系大部分保留在农村地区，加上番禺区的城乡差距较小，在选择首选搬迁地点时，85.07% 的村民希望留在现有村庄。总的来说，由于相对较高的收入和生活水平，村民不像旧工厂业主那样有强烈的动力进行自行改造。他们对补偿的过高期望也对旧村庄改造形成了挑战。

---

① 来源：番禺区村庄规划调研. 番禺区人民政府，2013.

表 8-4　村民调查问卷统计信息

问题	子项	比例 %
家庭人数	<3	1.23
	3~5	92.59
	>5	7.41
居住地	旧村	49.38
	新村	48.15
	不详	2.47
人均宅基地面积	56.6 m²	
旧村改造方式意愿	由村主导的环境整治（不拆迁）	55.88
	由政府主导的拆除重建	30.88
	由村自行与开发商合作改造	13.24
改造安置选择意愿	村内	85.07
	村外镇街内	1.49
	番禺区市桥城区	13.43
家庭房屋出租租金 /（元 / 年）（只有 14 份问卷填写了）	<5000	15.38
	5000~20 000	53.85
	>20 000	30.77
个人分红（元 / 年）（只有 31 份问卷填写了）	<3000	9.68
	3000~4000	32.26
	4000~6000	35.48
	>6000	22.58

8.3.3　村庄自治传统阻碍土地产权重组

秦晖（1998，1999）认为传统村落具有高度价值认同与道德内聚，是高度自治的小共同体①。村庄自治力是克服政府管制的关键因素，它与农村治理有关，

---

① 德国社会学家斐迪南·滕尼斯在其代表作《共同体与社会》中提出了"共同体理论"，滕尼斯认为共同体的类型主要在建立在自然的基础之上的群体（家庭、宗族）里实现，也可能在小的、历史形成的联合体（村庄、城市）及在思想的联合体（友谊、师徒关系等）里实现。我国社会学家秦晖将我国农村治理划分为国家直接管制的一元化"大共同体"和自然形成的"小共同体"（宗族是其最常见的形态）两种管制模式。我国传统乡村社会是大共同体为本位、小共同体弱小的社会。

大部分自治力来源于小共同体，而小共同体又大部分源自宗族文化（林永新，2015）。在珠三角，由于其基层社会的组织化程度较高，基层社会对国家的权力控制力量具有较强的抵抗力。以宗族为代表的自发性社会组织在镇街、村庄享有相当广泛的治理权威，并且拥有足够强大的资源动员、获取与支配能力，导致工业化过程主要在村和乡镇两级治理框架内展开。地方政府试图通过自上而下的产业升级政策将产业、税收、土地开发的控制权从基层镇街村转向上级政府，遭遇了基层政府的强烈抵制（姚中秋，2012）。

宗族文化在漫长的历史演进过程中，在村庄的经济运行、村落社会秩序背后发挥着重要的影响力。村集体经济组织的背后，基于血缘的宗族结构对于农村土地资源的管理仍然发挥着潜在的作用。在村社宗族小共同体自治观念下，稳定的经济来源是宗族维持和发展的基础。具有宗族传统与重商精神的宗族集体活动对城中村聚集财富、共同抵御风险和外部压力起到重要的作用，村社集体出租土地的获利渠道通过土地股份合作社得以"制度化"（魏成 等，2006）。守住土地成为延续宗族家业、维系村庄集体的底线。在三旧改造中任何对集体土地的物权转移或是产权重组，都在不同程度上打破了村社自治的格局。大多数村民将集体土地"流转入市"异化为"征地"，无论赔付标准多高，对股民来说都是失去了土地生计保障。宗族组织的"氏族束缚"（sin fetters）满足了个体的社会与经济需求，助长了个人的依赖性和惰性（Weber，1968），阻碍了集体土地使用的经济最优化。

番禺地区有着深厚的宗族文化，各聚族而居的宗族存在着明确的空间界限，各个宗族在村中分段而居。村中同姓的成员往往居住在同一个自然村，同姓村民的利益在很多情况下通过村民小组反映，通过村民小组来凝聚力量，从而影响到村级选举及村集体资产的运作（孙庆忠，2003；陈风波，2010）。以大姓为主的村庄，宗族与村庄正式组织机构在某种意义上是重合的，行政村的领导人几乎全由大姓村民组成。通过访谈了解到，在村干部选举中，同姓的宗族势力争夺村社干部岗位的现象"此起彼伏"；部分村庄同宗近亲垄断村务、暗箱操作等问题早已成为村庄社区内部的顽疾；选举人的经济实力和家族在村庄的势力一定程度上左右着村民的选票，进而影响村集体经济组织和集体经济的发展。

集体资产的渊源与传统的宗族和庙宇资产管理制度相关，集体资产与传统乡村社会紧密嵌合在一起，是乡村社会整合的力量（周大鸣 等，2021）。祠堂（图 8-6）是宗族作为一个社会成员组织的标志，祠堂又分为 3 类，始祖称为宗祠，二世以下的称为公祠，分支房系的称为"私伙厅"。祠堂承担着公布各项宗族活动的收入和支出情况的功能（黄凤琼，2010）。根据各镇（缺新造镇）上报的《社会调查表》统计，1987 年番禺县内有祠堂的氏族共 96 姓，其中同姓不同宗的颇多。如沙湾与大石的何姓，坑头（含石楼、赤岗、梅山、练溪）与水坑（含旧水坑、新水坑、沙圩）的陈姓，南沙（含塘坑、卢湾、深湾、板头、大岭界、东井、东瓜宇）与南村（含樟边、朱边）的朱姓，市桥与新造的黎姓，均不同宗（番禺县镇村志，1996）。除沙田区[①] 外，民田区每个村落每一个姓氏都有祠堂，据广州市第四次文物普查统计，番禺区村落中共有大小祠堂 399 处，平均每村有 2 个或 3 个祠堂。其中规模较大的宗祠、公祠数量总和达 183 个，其余小祠堂 216 处（表 8-5）。不同宗祠即代表了不同的姓氏和宗族，也代表了村庄内部的利益共同体。

图 8-6　沙湾镇沙北村的祠堂

---

① 番禺区是一块冲缺三角洲，全区地貌大致可分为沙田区和台地区。沙田不仅指可耕作的冲积田地，还包括一切淤积衍生的田垣。区内分布着市桥台地、小谷围台地等小平原。番禺冲缺三角洲的形成和历代开发垦殖的发展，成为番禺县村落形成和发展的基础（番禺县镇村志，1996）。

表 8-5　番禺区各镇街宗祠、公祠分布

镇（街）	祠堂数量／个	镇（街）	祠堂数量／个
沙头街	13	大石街	10
东环街	10	市桥街	1
钟村街	28	新造镇	6
沙湾镇	14	石楼镇	30
石碁镇	23	化龙镇	23
南村镇	11	小谷围街	14

来源：广州市文物普查汇编·番禺区卷，2008。

注：资料来源归类时洛浦、大龙、石壁、桥南四镇街行政区划纳入了大石、石碁、钟村、沙湾四镇街，因此其宗祠数量也归于相应镇街。

　　强宗大族拥有丰厚的公尝、族产，可以维持宗族的自我管理与自我运行，凝聚共同体的力量。而弱村小族则通过神明信仰结成横跨数村的"会乡"组织，以抗击强宗大族，在地方社会谋求生存资源和发展空间。有较大影响的"会乡"组织为横跨东环街、南村镇十乡（榄塘、左边、东沙、龙美、樟边、横坑、朱坑、坐头、白沙堡、甘棠）的"关帝十乡会"（刘晓春，2016）。至今番禺区的村庄仍然通过龙舟交际、会乡组织维持着村际、族际间的联盟（朱光文 等，2017）。宗族、家族之外随着衍生的乡里人情、熟人社会形成的"关系交易"在集体资产交易中极为普遍。非正规的集体建设用地市场的快速形成与村集体经济组织与用地者私下协商进行的租赁行为存在很大关系。广州市房地产研究中心等（2016）对番禺区农村资产三资平台运行的调研发现，虽然三资平台交易采取的是公开竞价的交易方式，但是村集体经济组织出于对资产的保护，往往倾向于"熟人交易"，仍存在协商谈判等非公开竞投方式。在村庄自治的熟人社会，土地产权更多地体现出村落家族–宗族的血缘关系。关系产权的运作承载着宗族兴衰与熟人社会关系网络的维系，并不完全适用利益最大化的经济理性。政府主导的集体产权交易的市场化努力难以推动集体资产的升级。

集体土地的权能完善，是集体土地再开发的必要条件，但对于农民的土地权利界定，尤其是土地开发权和收益权的分配至今在法律上仍然是模糊的、缺位的。法定产权规则的建构困境本质上就是农民与政府对集体土地认知产权和法定产权形成的冲突。我国发展型政府往往会直接干预产权的界定，集体土地权能和农民土地权利的界定必定是超越经济范畴的社会议题。目前国家提出了建立城乡统一的建设用地市场，允许农村集体经营性建设用地实行与国有土地同等入市、同权同价的政策导向，已在全国试点存量农村集体经营性建设用地使用权出让、租赁、入股，未来还有待法律制度的不断完善，不断细分和清晰界定产权，从而保障产权制度的实施。

经济产权规则建构困境最终可以归结为集体土地开发的"成本和风险"矛盾。随着集体土地的资产化属性日益显著，村集体直接与开发商交易农村土地使用权得到了政府的默认，隐性的集体建设用地市场日益显化。同国有土地有偿使用权制度建立一样，集体土地产权交易需要获得国家的保护，也需要向政府交纳成本（如土地或税费），截至 2017 年末，国家尚未建立起成熟的集体建设用地土地增值收益调节机制。制度转型背景下的集体土地开发，村集体和投资方必然面临合约风险、产权风险和经济风险。集体土地再开发的实施就是村集体、政府和开发商在各自的成本与风险比对中的均衡结果。

由于集体土地特有的社区属性及我国土地制度的特殊性，集体土地再开发的过程伴随着村落的终结过程。村落终结并不是简单的物质形态上的改变，本质上是农民市民化与城市化的过程，是村庄从非农化到都市化的转变。在小共同体主导的珠三角村庄，血缘、亲缘、宗缘构成的自治传统与土地社区股份制下的村社治理结构相互内嵌，导致集体经济与土地使用呈现非正规、自治内生的特征。非正式制度的变迁是一个漫长的过程。政府试图通过村庄改造实现农村地区从"村社自治"到"国家管治"，必然遭遇村庄内生自治基因的抵抗，需要政府在土地政策和财政上持续投入，解决农民市民化需要支付的高昂的经济成本和社会成本。村民从社区人到城市人的转变，是一个代际进化的缓慢过程。

综上所述，集体土地再开发本质上是农村社区经济向市场经济、村庄自治向市民社会的转型过程。再开发过程中的产权规则建构，汇集了集体土地产权界定、土地交易市场制度设计和村庄城市化演化的渐进过程（图 8-7）。

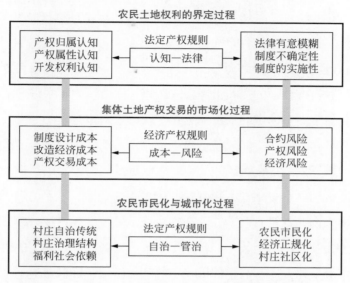

图 8-7　集体建设用地再开发的产权规则建构机制

▶ 8.5　本章小结

法定产权规则、经济产权规则和社会产权规则建构的合力不断形塑着集体建设用地的开发与使用。正是这些产权规则建构的合力不断推动了集体土地权利在农民集体和政府间的分配。集体土地再开发产权规则的建构过程，反映了"认知产权—法定产权"的产权冲突、土地开发的"成本—风险"利益比对、"村庄自治—城市管治"的社会变迁。

法定产权规则由国家供给，由于我国土地管理法并未设置独立的土地开发权，集体土地的开发权由于存在"集体所有"的特殊产权关系成为一项"说不清"

的土地权能，土地开发权存在于政府与农民集体的持续博弈过程中。这种博弈本质上源于集体土地模糊的产权，即在土地资源稀缺和不断增值的背景下，政府与农民集体对产权的认知冲突和土地利益争夺。集体土地产权制度、集体土地流转与开发制度的供给是一个持续的渐进过程，法定产权规则建构存在时滞和缺位的情况；权宜性的土地转国有化制度供给由于缺失法理上和农民认知上的实施性，难以促使村集体放弃集体土地的所有权。

经济产权规则的建构受到高昂的交易成本约束、政府对土地再开发所愿意承担的成本约束和自上而下的空间治理模式约束。政府作为有限理性的城市空间经营的企业家，自上而下的空间治理动力在于获得土地再开发的综合收益，包括土地经济效益、社会效益和空间效益。由于政府财力受限，难以承担统筹改造的巨额成本，土地再开发的产权组织方式也难以趋近政府所设定的目标。集体土地产权交易的制度设计具有复杂性，制度转型过程中的产权交易无论对于土地所有者还是市场主体来说，都具有风险性。在安全稳定的集体经济运行模式下，集体建设用地难以进行高效率的市场化经营运作。政府对经济产权规则的供给能否适应土地开发的市场变化、给参与者提供稳定的利益预期、降低土地财产权利重构的成本，对于集体土地再开发的实施尤为关键。

社会产权规则的建构是村社非正式规则的演进过程，基于农民集体社会生产关系形成的非正式社区经济制度、村庄自治传统和潜藏在背后的宗族小共同体文化及乡村治理结构的演变是一个漫长的过程。当前部分村庄仍然政社合一，在土地股份制治理背景下，集体经济组织与村庄自治组织的管理边界模糊，集体经济矛盾与宗族问题、土地历史遗留问题、村庄选举、人际信任等问题相互缠绕，牵一发而动全身。政府对农村公共服务供给的缺位、村民融入城市生活能力的缺失导致农民对集体租赁经济的依赖。血缘、亲缘、宗缘交织下形成的村社熟人社会关系网络抑制了集体建设用地的市场化配置。

法定和经济产权规则的建构更多地通过政府的制度供给和利益让出，可以在短期内取得成效。自 2005 年以来，广东省的集体建设用地使用权流转和三旧改造政策，加速了非农化村庄存量集体建设用地的再开发。但是集体土地产权嵌存

（imbedded）在村社非正式社区经济制度和自治习俗构成的社会结构中，如果不改变产权所嵌入的社会关系，产权明晰化本身并不能从根本上改变集体土地的使用特性（李培林，2004）。这预示着集体建设用地再开发必将是一个循序渐进的过程。集体土地再开发伴随着农民土地权利的反复界定，必定会存在持久的利益博弈和文化碰撞。

第 9 章
集体建设用地再开发的善治之道与政策建议

　　空间治理是对空间资源和要素的使用、收益、分配的系统协调过程（陈易，2016）。尊重原土地权利人与市场利益、兼顾公共利益、保障社会公平性是城市更新实现善治的关键。本章从自上而下的集体土地交易制度设计和自下而上的村庄基层治理两个视角，提出集体建设用地再开发的治理优化策略；进而从实施层面，提出相应的政策建议。

9.1　集体建设用地再开发的治理优化策略

9.1.1　完善集体建设用地产权交易的制度设计

在城市化快速推进下，亲缘－宗缘关系仍然对农村集体资产的运作起着潜在作用。农民对资产运作的安全、公平诉求仍然存在。让农民真正从租赁经济依赖走出来，还有赖于通过适应性的产权规则供给完善集体土地的产权交易制度，从而使农民集体获得稳定感和确定性。政府应加快健全集体土地产权交易市场制度（如土地交易的市场定价与评估），完善集体建设用地用益物权的权能和担保物权的经济效用，使其在市场上能够兑现应有的价值。

集体建设用地的市场化配置有赖于集体土地所有权、使用权、开发权、收益权和转让权权能分立制度的完善及集体土地再开发增值收益的合理分配。2019年9月，土地管理法修正案破除了集体经营性建设用地进入市场的法律障碍，显化了集体土地的价值。2021年颁布的《土地管理法实施条例》明确了集体经营性建设用地的入市交易规则，集体经营性建设用地出让、出租方案的编制和审查要求。在新颁布的土地管理法及其实施条例的指导下，地方政府亟须因地制宜，加快农村集体经营性建设用地公开交易的平台建立和制度设计，明确集体经营性建设用地入市的监管措施。在广州市，2013年起建立起区－镇街两级的农村集体三资管理交易平台，实现了村庄资源、资金、资产的三资公开。故可依托广州市农村产权交易所、市－区两级三资管理平台和农村集体经济组织综合服务和监管平台，完善对集体建设用地入市流转交易的监督与管理。

9.1.2　完善村庄基层治理和土地股份合作制改革

集体土地再开发不仅是城乡物质功能形态上的改变，其根本上是农村社区经济向市场经济、自治社会向市民社会的转型过程。嵌存在村社内部的社会产权规则的演化需要政府自上而下的政策干预，才能推动农村福利型社区模式的转型。

可通过"村改居""政经分离"等措施渐进性推进村庄基层治理改革；通过村庄资产的使用权折价入股，构建稳固而有效的利益联结机制（石欣欣 等，2021），促进非农化村庄从农村社区向城市社区的治理转变。

"村改居"是当前实现农村社区城市化的主要途径。当前广州市开展的"村改居"并不彻底，原有的集体经济组织仍承担大量社会管理职责和公共管理费用，持续依赖租赁经济。转制后村民的就业问题和社会保障问题短期内难以解决；非农化村庄的公共事务管理实质上仍然严重依赖股份合作社。政府需承担起非农化村庄社区公共物品供给的责任，将已经纳入城市化地区的建制村庄公共支出列入公共财政。2018 年番禺区"村改居"后的农村集体经济负担的社会公共事务将纳入地方公共财政①，其对集体经济的运作影响还有待观察。村改居不能急于将村集体土地产权转为国有，维持土地法律上的集体所有并不会阻碍村改居工作的推进。村庄"政经分离"意味着推动村社行政事务、自治事务和集体经济组织经营事务的三分离，以增强村民自治能力。在"政经分离"的过程中，需要厘清经济自治（农村集体经济组织）与村民自治组织（村民委员会及村民小组长）的管理边界（表 9-1）。对于经济发达的半城市化地区而言，要注意政经分离后，经济自治对社会自治的消解，包括规则程序悬浮与自治价值消解、民主的功利化与治

表 9-1　经济自治与社会自治的差异

自治领域	组织载体	成员主体	自治功能	协调关系	运行逻辑
经济自治	村庄经济联社及村民小组经济社	集体经济组织成员	集体利益的分配和集体经济发展经营	村民与市场关系	效益、效率
社会自治	村委会及其他群众自治组织	全体村庄成员（含外来人员）	公共事务治理和公共事业兴办	村民与村庄关系	民主、公开、公正

来源：李博阳，吴晓燕.政经分离改革下的村治困境与生成路径 [J].华中师范大学学报（人文社会科学版），2019，58（6）：68-74.

---

① 2017 年 10 月番禺区印发了《番禺区新型城镇化"2511"综合试点工作方案》（番府办〔2017〕95 号），提出将探索"村改居"后的农村集体经济负担的社会公共事务支出纳入地方公共财政。

理效应抵消、社会自治空间缩减与融合治理失效（李博阳 等，2019）。在条件成熟的城中村、城边村需要探索引入专业的社区物业管理，分离居委会和合作社的职能，把社会事务完全移交给居委会。

此外，政府应通过政策干预，促进农村土地股份合作社向现代股份制企业的产权结构转型，推动集体经济组织长远地经营土地资产；促使合作社集体经济逐渐从简单的物业租赁过渡到集体资产投资、增值管理。集体经济从社会关系中脱嵌需要地方财政对村居公共财政的统筹及村改居之后股民的进一步市场化和居民化（管兵，2019）。优化土地股份合作社体制的重点在于界定成员的剩余索取权，通过固化成员权利、对股份合作社在开放成员权的基础上，向现代股份制企业的产权结构转型（郭炎 等，2016）。可借助广州市已经建立的农村（社区）集体产权流转管理服务平台对村庄资金、资源、资产进行公开（仅限村庄内部），以村庄改造和村级工业园改造为契机，根据最终确定的改造方案，将村庄资产的使用权折价入股，量化资产收益，重新界定股民对集体资产的股份和权利。

▶ 9.2 集体建设用地再开发实施的政策建议

9.2.1 建立拆除重建与综合整治的分类实施通道

在改造带来的巨大的成本压力和保产业、保就业的现实压力背景下，短期内大量村级工业园仍将继续存留以保障珠三角宝贵的产业空间资源。村级工业园改造应建立拆除重建与综合整治更新两条并行通道，基于产业升级对空间转型的近远期需求，优化政府对两类更新模式的规划管控、利益统筹、权责机制和协调统筹。工业区块外的更新项目应加强土地用途管控控制、容积率异地调控、公共用房献出等规划调控指标；工业区块内的用地应根据土地开发强度和用地效益评价，结合土地、建筑、企业数据综合确定土地低效程度，进而确定整治提升与拆除重建的分类。在全市或全区层面，应结合产业发展总体战略与工业用地空间布局优化，制定村级工业园拆建、清理、复垦复绿的空间方案。在镇街层面，应根据辖区现状产业资源、园区建成品质综合判断，划定需要拆除重建的园区范围，确定集体建设用地减量潜力，制订园区拆建的分步实施计划。

推动村级工业园整治提升将是调整用地业态、提高低效工业用地经济绩效的折中选择。地方政府需要在现有城市更新政策体系的基础上，探索刚柔相济的更新治理手段，在对非合法用地容忍和让出利益的同时，严控土地寻租。除了政府、村集体和开发商的利益之外，需要重视租地企业的诉求，优质的产业资源才是促成改造的关键（周新年 等，2018）。需要加大改造项目收益反哺企业的力度，鼓励企业自主改造、相连地块联合改造和企业长租自营等更新模式。通过自下而上的逐步"消纳"而非自上而下的"消灭"方式实现集体建设用地更新（徐勤政，2015）。

9.2.2 创新集体建设用地更新模式和融资渠道

集体建设用地再开发产权重构模式的合理性在于平衡政府（城市）、企业、村集体和承租人的利益，最大化发挥集体土地价值，并实现社会公共利益还原。具体来讲，当前村级工业园改造模式可分为政府主导、企业主导、村集体主导、合作更新 4 种分类，可采用一项或多项更新方式组合实施更新（表 9-2）。集体土地的空间区位、功能业态、开发控制的差异带来土地经济价值的不同，不同区位的行政村对村庄建设用地再开发的诉求也不尽相同。村级工业园应根据村庄集体经济、区位特征、开发容积现状，兼顾上位规划用途管制和村社自身发展诉求，因地制宜制定集体建设用地的更新模式和利益分配方案。

表 9-2 4 类集体建设用地更新模式

类别	更新模式
政府主导	政府直接征收、政府挂账收储、政府统租统管、政府生态修复
企业主导	企业长租自管、企业自主改造、国企/龙头企业主导、运营机构主导、企业原地腾挪提升
村集体主导	村集体自主改造
合作更新	一、二级联动开发、国有集体混合开发、"改造权＋土地使用权"公开交易、流转入市改造

此外，集体土地抵押融资的渠道尚处在探索过程中，必须拓宽集体土地再开发的融资渠道。一是发挥政府财政资金的引导和撬动作用，通过公共资产的深度参与（政府财政及国有土地储备用地的抵押贷款），撬动民营资本投入（魏立华 等，2017）。通过加大地方财政对"工改工"的财政奖补，支持实体经济发展。例如，市级政府亟需建立城市更新基金的内在造血机制，探索将土地一级市场出让收益按一定比例定向投资于存量集体建设用地再开发，从而保障政府在土地整理、利益协商方面的统筹能力。探索"工改商""工改住"项目反哺"工改工""工改公共设施"项目，在一定的财政结算区域内平衡各类型村级工业园改造项目的收益。区级政府可以安排村级工业园更新改造专项经费，与土地增值收益共同用于本区村级工业园更新改造。二是通过金融创新、探索建立资产证券化机制，为村级工业园改造融资。争取银行及金融机构的政策资金支持，打通"股份制类金融资金"等参与村改的路径，吸引社会资金投入；将村级工业园改造整治提升后的资产证券化，使参与资金可灵活退出，提升社会参与改造资金的使用效率。通过政府主导的地方主权基金搭建产业投融资平台，为改造项目提供资本保障。例如，番禺区 LX 村的渔人码头项目，投资商五湖四海集团与平安证券、南粤基金战略合作签约启动"城市更新发展基金"[①]，推进了 LX 村村级工业园的改造。

9.2.3　探索"工改工"的激励措施和利益平衡机制

自三旧政策实施以来，珠三角地方政府已经意识到集体建设用地更新并不仅仅是农村工业化后存量土地的空间功能置换，其背后真正的驱动力是产业升级，促进集体建设用地"工改工"、保留优质产业空间、延续村级工业园既有的产业资源积淀，是集体低效建设用地高质量转型发展的关键。当前，村级工业改造在功能转型方面陷入"工改工"缺乏动力、"工改商"经营性物业过剩的困境。破解"工改工"内在动力乏力的困境，需要探索利益平衡机制，使"工改工"不吃亏。

一方面，需将原企业业主纳入到改造的主体力量，发挥业主群体投资实施

---

① "城市更新"产融发展基金助力创业创新 . 人民网 .2015/12/07.

改造的主动性。珠三角村级工业园的业主不单单是资产的拥有者，更是具有产业投资和市场创新主体力量的企业家群体（周新年 等，2018）。村级工业园内积淀了丰富的特色产业资源，村级工业园的改造应借势整合、提升这些产业资源，而非驱赶所谓的低端产业。例如，番禺区的石碁镇作为广作家具的发源地之一，有着良好的红木文化传统和基础[①]。自 2016 年以来，在全国建设特色小镇和番禺区推动村级工业园改造的背景下，NP 村通过对村集体物业改造和旧村居环境整治，打造了广州市首个红木小镇的起步区，成为全区村级工业园改造的样板。对于现状产业资源并无特色的园区，应鼓励行业龙头企业、产业地产运营商等市场主体投资建设工业大厦和高标准厂房，积极引入外来优质产业。地方工业和信息管理部门、农村农业管理部门和自然资源和规划管理部门可共同搭建一个信息平台和沟通机制，连接村级工业园的改造计划、企业的用地需求和村集体的招商信息，促进产业导入与村级工业园空间改造的联动。

另一方面，需要建立"工改工"的空间权益转移和利益平衡机制。可借鉴佛山市顺德区村改实验区的政策，对纳入拆旧复垦范围的村级工业园复垦形成的指标用于经营性用地出让挂钩，将经营性用地出让的土地收益分配部分支持产保区内村级工业园综合整治提升；产保区内村级工业园改造通过设置工业用地弹性出让、先租后让、租让结合等创新型供应方式，制定工业物业分宗分割操作指引等扶持"工改工"（邓沁雯 等，2019）。在指标方面，可将产保区外需要转移的集体产业用地与产保区内的集体产业用地进行土地互换，实现产业空间腾挪。对于改扩建和整治提升的村级工业园，应确定保留园区的产业用地比例和服务配套要求等指标，促进传统村级工业园区向"生产、生活、生态"融合发展的新型产业综合体转型。

---

① 石碁镇于 1957 年创立了家宝红木，是番禺区第一家专业红木家具制作企业。20 世纪 90 年代中期市莲路两侧就有永华红木家具厂、兴华红木家具厂等红木加工企业，厂房占 40% 左右。自 2008 年以来，市莲路两侧已形成以永华红木为龙头的 50 多家知名红木企业聚集带，年产值达到了 6 亿多元，是广州市首条红木产业带。历经 60 年的探索和积累，石碁镇集聚了永华、家宝、华兴、兴华等一大批优质红木企业，形成了产业集群，扩大了文化影响力，在全国红木工艺中占有了一席之地。截至 2016 年底，石碁镇共有红木家具及配套企业 62 家，红木家具产业从业人员近万人，红木家具产品工业总产值 33 亿元，家具产品远销海内外。

9.2.4　加强国土空间规划对集体土地的配置引导

2021年，《土地管理法实施条例》要求国土空间规划要合理安排集体经营性建设用地的布局和用途；需要加强各层次国土空间规划对集体建设用地再开发的空间引导。基于空间区位、土地权属、地区产业发展、改造难度等差异，将更新区域划分为不同的政策分区，对各分区的容积率调控、土地功能转型、公共利益供给捆绑等提出政策指引。

在国土空间总体规划层面，将以村级工业园为代表的村镇工业集聚区的升级改造作为市、县级国土空间总体规划的重要内容。由于集体建设用地的空间区位、功能业态、规划控制的差异带来土地经济价值的不同，应制定差异化的集体建设用地发展权定价与使用权限价的空间政策。加强国土空间规划与产业发展规划的衔接，明确村级工业园的总体产业和功能用途，区分村级工业园的改造方向。村镇工业集聚区占地面积比例较大的市县，国土空间总体规划需要划定更新产业保护控制线。可借鉴欧美城市在更新中为保留产业空间划定的产业经济区（industrial business zone）、工业就业区（industrial employment district）等区划工具（李珊珊 等，2020），保障改造后的产业用地规模。

在国土空间详细规划层面，加强实用性村庄规划对集体土地的配置引导。近年来，半城市化地区的村庄规划以村庄建设用地减量化为导向，忽视了村集体对土地开发私有化的认知权利。无论是减宅基地还是减集体经营性建设用地，村庄规划建设用地减量产生的节余建设用地指标和土地收益并没有留在农村，这直接挫伤了农民集体和村民的利益，导致村庄规划难以实施。在非农化村庄仍然对土地存在生存依赖的情况下，村庄规划必须提供"减地不减利"的土地整理和利益分配方案，保障村民土地收益不降低、集体经济发展可持续。在减量化的过程中，通过集体经营性建设用地整理、自然村集中归并，在节余指标中设置一定比例的集体商业配套用房，建立集体经济组织的造血机制。

▶ 9.3 研究展望

珠三角农村城市化已经进入了以存量经营性物业再开发为主导的都市化（rural urbanization）阶段。存量低效的集体建设用地在农村土地区位重构、产权交易制度完善和珠三角产业转型的背景下势必将持续进行整合再开发。未来的研究可向以下 3 个方向延展。

（1）在集体经营性建设用地入市的政策背景下，如何推动存量建设用地进行高效地再开发？

未来集体建设用地的出让主体是集体土地所有权人，而非地方政府，显然不能参照国有土地开发不顾土地产权结构和利益关系的传统模式。如何在地方政府、村集体、村民、开发商之间建立一种协商式规划平台，构建基于现有土地产权关系和利益再分配的开发机制，化解土地再开发的产权冲突，有待各层次国土空间规划开展深入的研究。以集体土地减量增效为导向的实用性村庄规划如何编制，需要规划实践深入探索。

（2）为促进存量空间治理的正当性，如何制定集体建设用地再开发的土地增值收益分配？

集体土地因其特有的集体性和社区性，对于农民来说仍然具有保障功能。土地增值收益分配既要避免被不劳而获的村民"透支"，也要避免被强势的权力和资本势力"掏空"。合理的利益分配可通过房地产税收制度和基于产权的减地规划得以解决。存量更新时代的集体土地开发最为关键的是城乡规划与土地开发的思维需从"城市偏向"向真正的"城乡统筹"转变。

（3）在乡村振兴的政策背景下，如何从社会学视角理解集体土地开发权的理论和实践内涵？

存量集体建设用地再开发本质上是一种打破既有村社集体经济关系的社会行动，地方政府、农民集体和市场主体的角色关系亦存在经济和社会的双重内涵。人地关系在产权和配置方面的调整影响乡村振兴的实施成效。在理论层面上，需要在乡村振兴的政策视角下探究集体土地开发权配置的社会学内涵；在实践层面上，需要通过驻村规划、规划师下乡等方式，选取多个村庄进行扎根性的驻村田野调查，从村庄治理结构出发，丰富集体土地开发权的社会学认识。

附　录

附录 A：番禺区 31 个集体建设用地计划改造项目改造前土地使用情况（2008—2017 年）

序号	集体建设用地项目	用地面积 /hm²	现状集体土地面积 /hm²	现状容积率	非合法用地比例 /%
1	LQ 村集体旧厂房	9.40	9.40	1.36	13.03
2	LX 村集体旧厂房	13.60	10.62	0.89	9.15
3	NP 村村级工业园	32.77	30.93	0.44	96.23
4	CH 村村级工业园	22.32	20.93	0.80	80.15
5	ZB 村统筹整体改造	3.86	3.83	2.49	57.96
6	XC 村村级工业园	28.53	27.73	1.79	63.57
7	CY 村村级工业园	6.86	6.86	0.14	30.76
8	SK 村村级工业园	17.00	14.21	0.69	46.19
9	DL 村村级工业园	13.80	13.68	0.60	96.52
10	DS 村村级工业园	7.77	7.18	1.00	31.12
11	TD 村村级工业园	22.31	22.31	1.41	25.61
12	DJ 村统筹整体改造	3.63	0.27	0.77	3.43
13	TX 村统筹整体改造	0.04	0.04	—	85.38
14	NC 村统筹整体改造	11.54	9.78	0.18	9.75
15	GT 村统筹整体改造	24.05	23.23	0.48	50.98
16	YG 村统筹整体改造	9.91	9.91	0.14	81.52
17	XJ 村统筹整体改造	7.06	5.94	1.09	100.00
18	SGD 村统筹整体改造	30.99	30.33	0.32	79.70
19	SX 村统筹整体改造	49.21	45.07	0.82	11.77
20	FC 村统筹整体改造	26.00	19.89	0.90	69.37

序号	集体建设用地项目	用地面积/hm²	现状集体土地面积/hm²	现状容积率	非合法用地比例/%
21	BT 村统筹整体改造	0.12	0.12	1.00	—
22	NT 村统筹整体改造	0.10	0.10	1.00	—
23	YG 村统筹整体改造	0.05	0.05	1.00	—
24	SS 村统筹整体改造	0.17	0.17	1.00	—
25	SB 1 村统筹整体改造	55.65	34.12	0.16	69.90
26	SB 2 村统筹整体改造	3.04	1.86	1.00	69.90
27	SB 3 村统筹整体改造	6.69	4.10	1.14	69.90
28	SB 4 村统筹整体改造	36.10	22.13	0.03	69.90
29	NJ 村统筹整体改造	10.68	3.96	0.98	7.86
30	CC 村统筹整体改造	9.24	7.97	0.97	4.36
31	XC 村统筹整体改造	20.28	14.71	0.84	7.50

来源：笔者根据各项目改造方案统计。

附录 B：番禺区 31 个集体建设用地计划改造项目改造方案土地使用情况（2008—2017 年）

序号	集体建设用地项目	改造模式	总面积/hm²	改造后集体土地面积/hm²	改造后容积率	完善历史用地手续面积/hm²	抵扣留用地指标/hm²	无偿移交政府用地/hm²
1	LQ 村集体旧厂房	单独改造	9.40	6.52	3.20	1.41	0	2.88
2	LX 村集体旧厂房	单独改造	13.60	10.61	1.44	1.02	0	2.69
3	NP 村村级工业园	单独改造	32.77	13.53	2.30	1.57	0	11.17
4	CH 村村级工业园	单独改造	22.32	19.15	2.29	0	0	2.42
5	ZB 村统筹整体改造	单独改造	3.86	2.56	1.83	—	—	1.30

序号	集体建设用地项目	改造模式	总面积/hm²	改造后集体土地面积/hm²	改造后容积率	完善历史用地手续面积/hm²	抵扣留用地指标/hm²	无偿移交政府用地/hm²
6	XC 村村级工业园	单独改造	28.53	20.69	3.18	18.14	16.95	6.12
7	CY 村村级工业园	单独改造	6.86	—	—	—	—	—
8	SK 村村级工业园	单独改造	17.00	11.90	—	—	—	5.10
9	DL 村村级工业园	单独改造	13.80	10.35	2.60	10.28	0	3.45
10	DS 村村级工业园	单独改造	7.77	4.43	2.91	2.42	0	0.31
11	TD 村村级工业园	单独改造	22.31	11.90	2.68	7.70	0	9.34
12	DJ 村统筹整体改造	整村改造	3.63	0.33	1.78	0.12	0	1.23
13	TX 村统筹整体改造	整村改造	0.04	—	1.94	—	—	—
14	NC 村统筹整体改造	整村改造	11.54	5.87	3.36	0	0	5.67
15	GT 村统筹整体改造	整村改造	24.05	7.73	3.52	7.73	3.46	3.90
16	YG 村统筹整体改造	整村改造	9.91	3.12	4.25	0	1.10	0.92
17	XJ 村统筹整体改造	整村改造	7.06	2.21	3.16	0	0.76	0.32
18	SGD 村统筹整体改造	整村改造	30.99	27.82	—	—	—	—
19	SX 村统筹整体改造	整村改造	49.21	—	—	—	—	14.76
20	FC 村统筹整体改造	整村改造	26.00	—	—	—	—	—

序号	集体建设用地项目	改造模式	总面积/hm²	改造后集体土地面积/hm²	改造后容积率	完善历史用地手续面积/hm²	抵扣留用地指标/hm²	无偿移交政府用地/hm²
21	BT 村统筹整体改造	整村改造	0.12	—	—	—	—	
22	NT 村统筹整体改造	整村改造	0.10	—	—	—	—	
23	YG 村统筹整体改造	整村改造	0.05	—	—	—	—	
24	SS 村统筹整体改造	整村改造	0.17	—	—	—	—	
25	SB 1 村统筹整体改造	整村改造	55.65	—	3.22	—	—	
26	SB 2 村统筹整体改造	整村改造	3.04	—	3.22	—	—	
27	SB 3 村统筹整体改造	整村改造	6.69	—	3.22	—	—	2.01
28	SB 4 村统筹整体改造	整村改造	36.10	—	3.22	—	—	—
29	NJ 村统筹整体改造	整村改造	10.68	—	3.79	—	—	—
30	CC 村统筹整体改造	整村改造	9.24	—	3.79	—	—	—
31	XC 村统筹整体改造	整村改造	20.28	—	3.79	—	—	—

来源：笔者根据各项目改造方案统计。

参考文献

阿尔钦, 1994. 产权: 一个经典注释 .1977. [M]// 科斯, 阿尔钦, 诺斯 . 财产权利与制度变迁: 产权学派与新制度学派译文集 . 上海: 上海人民出版社 .

柏兰芝, 2013. 集体的重构: 珠江三角洲地区农村产权制度的演变: 以 "外嫁女" 争议为例 [J]. 开放时代, (3): 111-131.

柏巍, 2008. 论大都市拓展与地方发展的协调问题 [D]. 上海: 同济大学 .

北京大学国家发展研究院, 2013. 深圳土地制度改革研究报告 [R].

曹正汉, 2007. 土地集体所有制: 均平易、济困难 [J]. 社会学研究 (3): 18-38.

曹正汉, 2008a. 地权界定中的法律、习俗与政治力量: 对珠江三角洲滩涂纠纷案例的研究 [M]// 中国制度变迁的案例研究 . 北京: 中国财政经济出版社出版, 725-820.

曹正汉, 2008b. 产权的社会建构逻辑: 从博弈论的观点评中国社会学家的产权研究 [J]. 社会学研究, 1: 200-216.

曹正汉, 2011. 弱者的产权是如何形成的? ——中国被征地农民的 "安置要求权" 向土地开发权演变的原因 [M]// 中国制度变迁的案例研究 (土地卷) 第八集, 北京: 中国财政经济出版社出版 .

岑迪, 吴军, 黄慧明, 等, 2017. 基于制度设计的广州市旧厂房 "微改造" 探索: 以国际单位创意园为例 [J]. 上海城市规划, (5): 45-50.

陈柏峰, 2012. 土地发展权的理论基础与制度前景 [J]. 法学研究, (4): 99-114.

陈风波, 2010. 城乡一体化背景下广州市农村村级组织运行机制研究 [M]. 北京: 社会科学文献出版社, 58-72.

陈建华, 2008. 广州市文物普查汇编·番禺区卷 [M]. 广州市: 广州出版社 .

陈颀, 2011. 产权实践的场域分化：土地发展权研究的社会学视角拓展与启示 [J]. 社会学研究, 36（1）: 203-225.

陈天宝, 许惠渊, 庞守林, 2005. 农村土地制度变革中的地方政府行为分析 [J]. 农业经济问题,（1）: 44-49.

陈霄, 2012. 基于土地发展权视角的农村集体建设用地制度变迁研究：广东"三旧"改造的实证研究 [D]. 北京：北京大学.

邓大才, 2017. 中国农村产权变迁与经验：来自国家治理视角下的启示 [J]. 中国社会科学,（1）: 4-24.

邓沁雯, 王世福, 邓昭华, 2019. 顺德"产业发展保护区"的发展理念与空间模式 [J]. 南方建筑, 189（1）: 36-41.

董瑶, 周沂, 黄志基, 等, 2015. 产业升级背景下的村镇土地再开发：基于广州市的案例 [J]. 城市发展研究, 22（3）: 93-100.

方明, 2009. 金融危机对番禺区外向型企业的影响及政府对策研究 [D]. 广州市：华南理工大学.

傅高义, 2013. 先行一步：改革中的广东 [M]. 广州市：广东人民出版社.

高艳梅, 田光明, 宁晓峰, 2016. 集体建设用地再开发中的土地产权政策建议：广东省"三旧"改造的实践及启示 [J]. 规划师, 32（5）: 99-103.

格兰诺维特, 斯威德伯格, 2014. 经济生活中的社会学 [M]. 瞿铁鹏, 姜志辉, 译. 上海：上海人民出版社.

顾媛媛, 黄旭, 2017. 宗族化乡村社会结构的空间表征：潮汕地区传统聚落空间的解读 [J]. 城市规划学刊, 235（3）: 103-109.

管兵, 2019. 农村集体产权的脱嵌治理与双重嵌入：以珠三角地区 40 年的经验为例 [J]. 社会学研究,（6）: 164-187.

管见, 2013. "城中村"改造的土地权属变更及补偿几个问题研究 [D]. 中国社会科学院研究生院, 中国社会科学院.

广东省自然资源厅, 2020. 广东省村镇工业集聚区升级改造攻坚战三年行动方案（2021—2023 年）[R].

广州市城市更新局, 2016. 广州市城市更新综合报告 [R].

广州市城市更新局, 2018. 广州市城市更新（"三旧"改造）主要政策简介 [R].

广州市城市规划勘测设计研究院, 2016. 广州市村级工业园改造模式及相关政策研究 [Z].

广州市番禺区地方志编纂委员会, 1996. 番禺年鉴 [M]. 广州：广东人民出版社.

广州市房地产研究中心, 广东中地土地房地产评估与规划设计有限公司, 2016. 基于"三资"平台运行现状的广州市集体建设用地流转专题研究报告 [Z].

广州市房地产租赁管理所, 2016. 2015 年广州市房屋租金参考价 [Z].

广州市三旧改造办公室, 2009. "三旧"改造政策背景，文件解读，规划编制要求 [R].

广州市三旧改造办公室, 2012. 广州市"三旧"改造政策文件汇编 [R].

郭亮, 2012. 土地"新产权"的实践逻辑：对湖北 S 镇土地承包纠纷的学理阐释 [J]. 社会, 32（2）：144-170.

郭炎, 李志刚, 王国恩, 等, 2016c. 集体土地资本化中的"乡乡公平"及其对城市包容性的影响：珠三角南海模式的再认识 [J]. 城市发展研究, 23（4）：67-73.

郭炎, 肖扬, 李志刚, 2016b. 优化村社治理结构以促集体建设用地改造：合作社发展的国际经验 [J]. 上海城市规划, 2: 26-29.

郭炎, 袁奇峰, 邱加盛, 2016. 非农化村庄整体改造中的把持陷阱与规划应对：以珠三角地区为例 [J]. 国际城市规划, 31（5）：95-101.

郭炎, 朱介鸣, 袁奇峰, 2016a. 福利型村社体制约束与集体建设用地改造突围：以珠三角南海区为例 [J]. 现代城市研究, 12: 69-76.

国土资源部, 2017. 国土资源部关于《中华人民共和国土地管理法（修正案）》（征求意见稿）的说明 [R].

何·皮特, 2014. 谁是中国土地的拥有者：制度变迁、产权和社会冲突 [M]. 林韵然, 译. 北京：社会科学文献出版社.

何艳玲, 2013. 强制性城市化的实践逻辑：贝村调查 [M]. 北京：中央编译出版社.

贺雪峰, 2013. 地权的逻辑 II：地权变革的真相与谬误 [M]. 北京：东方出版社.

洪长安，2011. 社会建构论视野下的传统社会问题研究 [J]. 学术论坛，34（6）：74-79.

侯功挺，2009. 传统的再造：一个华南城市宗族的人类学考察 [J]. 厦门：厦门大学硕士论文.

华生，2013. 城市化转型与土地陷阱 [M]. 北京：东方出版社.

黄凤琼，2010. 番禺祠堂文化的调查与研究 [D]. 广州市：中山大学.

黄鹏进，2014. 农村土地产权认知的三重维度及其内在冲突：理解当前农村地权冲突的一个中层视角 [J]. 中国农村观察，（6）：14-24.

黄鹏进，2018. 产权秩序转型：农村集体土地纠纷的一个宏观解释 [J]. 南京农业大学学报（社会科学版），（1）：86-93.

季稻葵，1995. 转型经济中的模糊产权理论 [J]. 经济研究，（4）：67-67.

蒋省三，韩俊，2005. 土地资本化与农村工业化：南海发展模式与制度创新 [M]. 太原：山西经济出版社.

蒋省三，刘守英，2003a. 土地资本化与农村工业化——广东省佛山市南海经济发展调查 [J]. 管理世界，4（11）：87-97.

蒋省三，刘守英，2003b. 农村集体建设用地进入市场势在必行 [J]. 决策咨询（安徽），10: 18-19.

蓝宇蕴，2005. 都市里的村庄：一个"新村社共同体"的实地研究 [M]. 北京：三联书店.

蓝宇蕴，2010. 论市场化的城中村改造：以广州市城中村改造为例 [J]. 中国城市经济，（12）：275-278.

蓝宇蕴，2017. 非农集体经济及其"社会性"建构 [J]. 中国社会科学，（8）：132-147.

雷诚，2010. 珠三角大都市区土地"配置问题"研究 [D]. 上海：同济大学.

冷方兴，孙施文，2017. 争地与空间权威运作：一个土地政策视角大城市边缘区空间形态演变机制的解释框架 [J]. 城市规划，41（3）：67-76.

黎智威，2014. 我国较发达区（县）财政体制改革研究 [J]. 广东经济，4: 68-75.

李博阳，吴晓燕，2019. 政经分离改革下的村治困境与生成路径 [J]. 华中师范大学学报（人文社会科学版），58（6）：68-74.

李怀，2010. "组织化动员"失效的制度逻辑：一个"城中村"改造中地方政府的民族志研究 [J]. 中山大学学报（社会科学版），3（3）：130-140.

李慧莲，2014. 珠三角东岸地区非正规工业用地及其再开发利用研究 [D]. 深圳：深圳大学.

李结雯，李超，黄纯琳，等，2015. 广州市番禺区农田土壤重金属污染调查分析 [J]. 中国环保产业，（8）：65-69.

李俊夫，孟昊，2004. 从"二元"向"一元"的转制：城中村改造中的土地制度突破及其意义 [J]. 中国土地，（10）：25-27.

李培林，2002. 巨变：村落的终结：都市里的村庄研究 [J]. 中国社会科学，（1）：168-179.

李培林，2004. 村落的终结：羊城村的故事 [M]. 北京：商务印书馆.

李培林，2012. 从"农民的终结"到"村落的终结" [J]. 传承，15: 84-85.

李珊珊，钟晓华，2020. 新都市制造业驱动下的城市更新实践：以纽约滨水工业地区为例 [J]. 国际城市规划.

李实，2011. 被征地农民的博弈智慧：评《弱者的产权是如何形成的了：中国被征地农民的"安置要求权"向土地开发权演变的原因》[C]. 中国制度变迁的案例研究（土地卷）第八集，中国会议.

李郇，徐现祥，2008. 转型时期城中村演变的微观机制研究 [J]. 城市与区域规划研究，1（1）：55-69.

梁国维，1994. 对番禺市农村股份合作制若干问题的探讨 [J]. 农村研究，（6）：27-30.

梁镜权，2007. 基于城乡统筹的农村城市化动力机制与模式研究：以广州市番禺区为例 [D]. 广州市：中山大学.

廖炳光，2019. 从乡镇企业到集体土地所有制：产权理论的三种视角及其解释 [J]. 清华社会学评论，（11）：143-168.

林辉煌，桂华，2011. 中国农地制度的产权建构：基于农地集体性的分析 [J]. 私法研究，11（2）：271-294.

林坚，许超诣，2014. 土地发展权、空间管制与规划协同 [J]. 城市规划，38（1），26-34.

林聚任，2016. 西方社会建构论思潮研究 [M]. 北京：社会科学文献出版社.

林毅夫，1994. 关于制度变迁的经济学理论：诱致性变迁与强制性变迁 [M]// 科斯，阿尔钦，诺斯. 财产权利与制度变迁：产权学派与新制度学派译文集. 上海：上海人民出版社.

林永新，2015. 乡村治理视角下半城镇化地区的农村工业化：基于珠三角、苏南、温州的比较研究 [J]. 城市规划学刊，223（3）：101-110.

刘芳，姜仁荣，刘峰，2012. 从产权实施能力看产权界定的重要性：深圳市历史遗留违法建筑确权政策解读 [J]. 国土资源科技管理，29（3）：37-42.

刘芳，张宇，2015. 深圳市城市更新制度解析：基于产权重构和利益共享视角 [J]. 城市发展研究，22（2）：25-30.

刘国臻，2011. 论我国土地发展权的法律性质 [J]. 法学杂志，（3）：1-5.

刘世定，1995. 乡镇企业发展中对非正式社会关系资源的利用 [J]. 改革，（2）：62-68.

刘世定，1998. 科斯悖论和当事者对产权的认知 [J]. 社会学研究，（2）：14-23.

刘世定，2003. 占有、认知与人际关系：对中国乡村制度变迁的经济社会学分析 [M]. 北京：华夏出版社.

刘世定，2008. 产权保护与社会认可：对产权结构进一步完善的探讨 [J]. 社会，28（3）：41-45.

刘世定，户雅琦，李贵才，2018. 经济社会学与行为地理学：亲和性与互补性 [J]. 6（5）：3-12.

刘守英，2017. 分析土地问题的角度 [J]. 学海，（3）：39-45.

刘守英，周飞舟，邵挺，2012. 土地制度改革与转变发展方式 [M]. 北京：中国发展出版社.

刘宪法, 2010. "南海模式"的形成、演变与结局 [M]. 中国制度变迁的案例研究第八集（土地卷），北京：中国财政经济出版社.

刘晓春, 2016. "约纵连衡"与"庆叙亲谊"：明清以来番禺地区迎神赛会的结构与功能 [J]. 民俗研究,（4）：89-101.

刘昕, 2011. 深圳城市更新中的政府角色与作为：从利益共享走向责任共担 [J]. 国际城市规划, 26（1）：41-45.

刘玉照, 田青, 2017. "集体"成员身份界定中的多重社会边界 [J]. 学海,（2）：115-122.

卢现祥, 1996. 西方新制度经济学 [M]. 北京：中国发展出版社.

陆益龙, 2009. 建构论与社会学研究的新规则 [J]. 学海,（2）：67-71.

罗罡辉, 游朋, 李贵才, 等, 2013. 深圳市"合法外"土地管理政策变迁研究 [J]. 城市发展研究, 20（11）：55-60.

罗猛, 2005. 村民委员会与集体经济组织的性质定位与职能重构 [J]. 学术交流, 134（5）：51-55.

马克斯·韦伯, 1999. 社会科学方法论 [M]. 杨富斌, 译. 北京：华夏出版社.

毛丹, 王燕锋, 2006. J 市农民为什么不愿做市民：城郊农民的安全经济学 [J]. 社会学研究,（6）：45-73.

莫里斯·弗里德曼, 2000. 中国东南的宗族组织 [M]. 刘晓春, 译. 上海：上海人民出版社.

诺思, 1994. 经济史中的结构与变迁 [M]. 陈郁, 译. 上海：上海人民出版社 / 三联出版社.

番禺区村庄规划领导小组办公室, 2014. 番禺区村庄布点规划（2013—2020）[R].

番禺区人民政府, 2013. 番禺区村庄规划现状摸查工作总结报告 [R].

番禺区人民政府, 2014. 番禺区村级工业园改造规划 [R].

番禺区人民政府, 2015. 广州市番禺区城乡发展规划（2014—2030）[R].

番禺市地方志编纂委员会办公室, 1996. 番禺县镇村志 [M]. 广州：广东人民出版社.

裴小林，2004. 集体土地所有制对中国经济转轨和农村工业化的贡献：一个资源配置模型的解说 [J]. 中国乡村研究（第一辑）. 北京：商务印书馆.

彭宝泉，2009. 广州市集体建设用地使用权流转管理政策研究 [D]. 广州：中山大学.

彭玉生，折晓叶，陈婴婴，2003. 中国乡村的宗族网络、工业化与制度选择 [M]// 黄宗智. 中国乡村研究，北京：商务印书馆.

彼得·伯格，托马斯·卢克曼，1991. 知识社会学：社会实体的建构 [M]. 台北：巨流图书公司.

秦晖，1998，1999. "大共同体本位"与传统中国社会 [J]. 社会学研究.

仇童伟，李宁，2016. 国家赋权、村庄民主与土地产权的社会认同：基于农户的土地产权合法性、合理性和合意性认同 [J]. 公共管理学报，（3）：71-88.

申静，王汉生，2005. 集体产权在中国乡村生活中的实践逻辑：社会学视角下的产权建构过程 [J]. 社会学研究，（1）：113-148.

石欣欣，胡纹，孙远赫，2021. 可持续的乡村建设与村庄公共品供给：困境、原因与制度优化 [J]. 城市规划，45（10）：45-58.

史懿亭，钱征寒，杨远超，2017. 土地开发权的权利性质探究：基于英美的制度设计背景与我国的研究争议 [J]. 城市规划，41（8）：83-90.

舒尔茨，1994. 制度与人的经济价值的不断提高 [M]// 科斯，阿尔钦，诺斯. 财产权利与制度变迁：产权学派与新制度学派译文集. 上海：上海人民出版社.

舒宁，2017. 由"分异"到"融合"：我国城乡土地使用制度变迁分析 [J]. 北京规划建设，（2）：4-14.

孙庆忠，2003. 乡村都市化与都市村民的宗族生活：广州市城中三村研究 [J]. 当代中国史研究，10（3）：96-104.

孙秀林，2011. 华南的村治与宗族：一个功能主义的分析路径 [J]. 社会学研究，（1）：133-166.

谭启宇，王仰麟，赵苑，等，2006. 快速城市化下集体土地国有化制度研究：以深圳市为例 [J]. 城市规划学刊，161（1）：98-101.

田光明, 2021. 城乡统筹视角下农村土地制度改革研究 [D]. 南京: 南京农业大学.

田莉, 2004. 从国际经验看城市土地增值收益管理 [J]. 国外城市规划, 19 (6): 8-13.

田莉, 2004. 土地有偿使用改革与中国的城市发展: 来自香港特别行政区公共土地批租制度的启示 [J]. 中国土地科学, 18 (6): 40-45.

田莉, 2018. 摇摆之间: 三旧改造中个体、集体与公众利益平衡 [J]. 城市规划, 42 (2): 78-84.

田莉, 戈壁青, 2011. 转型经济中的半城市化地区土地利用特征和形成机制研究 [J]. 城市规划学刊, (3): 66-73.

田莉, 罗长海, 2012. 土地股份制与农村工业化进程中的土地利用: 以顺德为例的研究 [J]. 城市规划, 36 (4): 25-31.

田莉, 孙玥, 2010. 珠三角农村地区分散工业点整合规划与对策: 以广州市番禺工业园区整合规划为例 [J]. 城市规划学刊, (2): 21-26.

田莉, 姚之浩, 郭旭, 等, 2015. 基于产权重构的土地再开发: 新型城镇化背景下的地方实践与启示 [J]. 城市规划, 39 (1): 22-29.

汪竹飞, 2016. 广州市农村低效集体建设用地二次开发策略研究 [D]. 广州: 广东工业大学.

王博祎, 2017. 制度约束下珠三角农村工业用地的更新困境研究: 以广州市番禺区为例 [D]. 上海: 同济大学.

王大伟, 黄跃者, 2013. 集体建设用地流转的困境: 广州市番禺区集体建设用地流转调研 [J]. 中国投资 (中英文), (8): 78-80.

王庆明, 2021. 产权社会学: 社会学与经济学融合的一种新趋向 [J]. 浙江工工商大学学报, 167 (2): 130-140.

王小映, 2013. 土地股份合作制的经济学分析 [J]. 中国农村观察, (6): 31-39.

魏成, 赖寿华, 2006. 珠江三角洲大都市地区高密集城中村的形成: 一个分析框架 [J]. 现代城市研究, 21 (7): 25-32.

魏立华, 刘玉亭, 黎斌, 2010. 珠江三角洲新农村建设的路径辨析: 渐次性改良还是彻底的重构 [J]. 城市规划, 34 (2): 36-41.

魏立华，孟谦，邓海萍，2017. 基于农村土地股份合作制的半城镇化地区城市更新模式研究：以佛山市南海区瀚天科技城为例 [J]. 规划师，33（4）：46-53.

温铁军，2010. 解读珠三角：广东发展模式和经济结构调整战略研究 [M]. 北京：中国农业科学技术出版社 .

吴易风，2007. 产权理论：马克思和科斯的比较 [J]. 中国社会科学，（2）：4-18.

徐勤政，2015. 集体建设用地存量的形成与消纳：北京市集体建设用地规划实施研究中的思考 [OL]. 中国城市规划年会论文 .

杨廉，2010. 基于村庄集体土地开发的农村城市化模式研究：以佛山市南海区为例 [D]. 广州市：中山大学博士论文 .

杨廉，袁奇峰，2012. 基于村庄集体土地开发的农村城市化模式研究：佛山市南海区为例 [J]. 城市规划学刊，204（6）：34-41.

杨廉，袁奇峰，邱加盛，等，2012. 珠江三角洲"城中村"（旧村）改造难易度初探 [J]. 现代城市研究，（11）：25-31.

杨木壮，2009. 珠三角农村集体建设用地使用权流转的问题与对策 [N/OL]. 广东省国土资源厅 .http://www.gdlr.gov.cn/newsAction.do?method=viewNews&classId=02 0010350000000660&newsId=020010040000016180.

姚中秋，2012. 钱塘江以南中国：儒家式现代秩序：广东模式之文化解读 [J]. 开放时代，（4）：39-50.

叶裕民，彭高峰，李锦生，等，2016. 广州市可实施性村庄规划编制探索 [M]. 北京：中国建筑工业出版社 .

余练，2010. 土地权属：国家建构与地方性建构：论集体产权在乡土社会中的实践 [D]. 武汉：华中科技大学 .

袁奇峰，钱天乐，郭炎，2015b. 重建"社会资本"推动城市更新：联滘地区"三旧"改造中协商型发展联盟的构建 [J]. 城市规划，39（9）：64-73.

袁奇峰，钱天乐，杨廉，2015a. 多重利益博弈下的"三旧"改造存量规划：以珠江三角洲集体建设用地改造为例 [J]. 城市与区域规划研究，7（3）：148-165.

袁奇峰，钱天乐，杨廉，2016. "内卷化"约束视角下的珠江三角洲地区旧村改造：

以佛山市南海区 XB 村为例 [J]. 现代城市研究 ,（10）: 46-52.

袁奇峰，杨廉，邱加盛，等，2009. 城乡统筹中的集体建设用地问题研究 : 以佛山市南海区为例 [J]. 规划师 , 25（4）: 5-13.

臧得顺，2012. 臧村"关系地权"的实践逻辑 : 一个地权研究分析框架的构建 [J]. 社会学研究 ,（1）: 28.

臧俊梅，田光明，农殷璇，2017. 城乡统筹发展进程中成熟型城中村土地改造模式研究 : 以广州市白云区因公村改造为例 [J]. 广东土地科学 ,（1）: 27-36.

曾文蛟，2010. 基层政府政策执行困境研究 : 以 S 镇"腾笼换鸟"政策为例 [D]. 广州市 : 中山大学 .

张浩，2013. 农民如何认识集体土地产权 : 华北河村征地案例研究 [J]. 社会学研究 ,（5）: 197-218.

张建荣，李孝娟，2011. 直面旧工业区"未合法"工业用地的改造困境 : 以深圳为例 [J]. 城市规划 , 35（10）: 74-77.

张静，2003. 土地使用规则的不确定 : 一个解释框架 [J]. 中国社会科学 ,（1）: 113-124.

张乐天，2019. 告别理想 : 人民公社制度研究 [M]. 上海 : 上海人民出版社 .

张磊，2018. 规划之外的规则 : 城乡结合部非正规开发权形成与转移机制案例分析 [J]. 城市规划 , 42（1）: 107-111.

张萌，2009. 上海郊区乡镇存量工业用地发展的制约因素与规划对策 : 以青浦区华新镇为例 [D]. 上海 : 同济大学 .

张曙光，2011. 博弈 : 地权的细分、实施和保护 [M]. 北京 : 社会科学文献出版社 .

张五常，2000. 佃农理论 : 应用于亚洲的农业和台湾的土地改革 [M]. 北京 : 商务印书馆 .

张小军，2004. 象征地权与文化经济 : 福建阳村的历史地权个案研究 [J]. 中国社会科学 ,（3）: 121-135.

张燕生，肖耿，2017. 政府与市场 : 中国经验 [M]. 北京 : 中信出版集团 .

张杨波，2012. 从房子到家 : 产权建构中的社会逻辑 : 一项关于广州市地区新移民

的实证研究 [J]. 兰州大学学报（社会科学版），40（4）：64-71.

张志强，2010. 基于制度影响的大都市郊县城市空间演变研究：以广州市番禺为例 [D]. 广州：中山大学.

赵旭东，2007. 礼物与商品：以中国乡村土地集体占有为例 [J]. 安徽师范大学学报（人文社会科学版），35（4）：395-403.

赵艳莉，2012. 公共选择理论视角下的广州市"三旧"改造解析 [J]. 城市规划，36（6）：61-65.

折晓叶，2018. 土地产权的动态建构机制：一个"追索权"分析视角 [J]. 社会学研究，33（3）：25-50.

折晓叶，陈婴婴，2005. 产权怎样界定：一份集体产权私化的社会文本 [J]. 社会学研究，（4）：1-43, 243.

郑德高，卢弘旻，2015. 上海工业用地更新的制度变迁与经济学逻辑 [J]. 上海城市规划，（3）：25-32.

郑沃林，谢昊，谭建纯，等，2016. 广州市集体建设用地流转策略 [J]. 规划师，（5）：95-98.

中华人民共和国农业法，2012-12-28. [Z].

中华人民共和国土地管理法，2019-08-26. [Z].

中华人民共和国土地管理法实施条例，2021-07-02. [Z].

中华人民共和国物权法，2007-03-16. [Z].

周大鸣，周博，2021. 村改居后集体资产问题的思考：以珠三角为例 [J]. 社会学评论，9（1）：164-174.

周其仁，2004. 产权与制度变迁：中国改革的经验研究 [M]. 北京：北京大学出版社.

周其仁，2010. 还权赋能：成都土地制度改革探索的调查研究 [J]. 国家经济评论，（2）：54-92.

周新年，杨锦坤，王世福，等，2018. 从桑基鱼塘到工业园区的嬗变：广东顺德的案例分析 [J]. 城市规划，42（12）：39-48.

周雪光，2005. "关系产权"：产权制度的一个社会学解释 [J]. 社会学研究，（2）：

1-31, 243.

朱光文，陈铭新，2017. 省会海门 番禺名镇：石楼地区历史、社会与文化 [M]. 广州市：广东人民出版社.

朱介鸣，2001. 模糊产权下的中国城市发展 [J]. 城市规划学刊，136（6）：22-25.

朱介鸣，2011. 发展规划：重视土地利用的利益关系 [J]. 城市规划学刊，193（1）：34-41.

朱介鸣，2016. 制度转型中土地租金在建构城市空间中的作用：对城市更新的影响 [J]. 城市规划学刊，228（3）：28-34.

朱介鸣，郭炎，2014. 城乡统筹发展规划中的土地经济租金、"乡乡差别" 与社会公平 [J]. 城市规划学刊，214（1）：33-38.

ARTHUR W B, 1989. Competing technologies, increasing returns, and lock-in by historical events[J]. The Economic Journal, 99（394），116-131.

BARZEL Y, 1989. Economic analysis of property rights[M]. Cambridge: Cambridge University Press.

BRANDT L, HUANG J K, LI G, et al., 2002. Land rights in rural China: facts, fictions and issues[J]. The China Journal, 47: 67-97.

BROMLEY D W, 1998. Property regimes in economic development: lessons & policy implications agriculture & the environment: perspectives on sustainable rural development, ernst Lutz（ed.）, Washington DC: World Bank.

BUITELAAR E, 2009. A transaction-cost analysis of the land development process[J]. Urban Studies, 41（13）: 2539-2553.

CAI Y S, 2003. Collective ownership or cadre's ownership? The non-agricultural use of farmland in China[J]. The China Quarterly,175, 666–670.

CHAN A, MADSEN R, UNGER J, 2009. Chen village: revolution to globalization [M]. 3rd ed. Berkeley: University of California Press.

CHEN H, 2012. "Villages-in-the-city" and urbanization in Guangzhou, China[D]. Seattle: University of Washington, Doctoral Dissertation.

CHEUNG S N S, 1982. "Will China go 'capitalist'?: an economic analysis of property rights and institutional change" [R]. London:The Institute of Economic Affairs.

CHUNG H, 2013a. Rural transformation and the persistence of rurality in China[J]. Eurasian Geography and Economics, 54（5-6）, 594-610.

CHUNG H, 2013b. The spatial dimension of negotiated power relations and social justice in the redevelopment of villages-in-the-city in China[J]. Environment and Planning A: Economy and Space, 45:2459-2476.

CHUNG H, UNGER J, 2013. The Guangdong model of urbanisation: collective village land and the making of a new middle class[J]. China Perspectives（3）: 33-41.

CHUNG H, ZHOU S H, 2011. Planning for plural groups? Villages-in-the-city redevelopment in Guangzhou city, China[J]. International Planning Studies, 16（4）: 333-353.

COHEN L H, 1991. Holdouts and free riders[J]. The Journal of Legal Studies, 20（2）: 351-362.

Davis D S. HARRELL S Chinese families in the post-Mao era[M]. Berkeley: University of California Press.

DEMSETZ H, 1967. Toward a theory of property rights[J]. The American Economic Review, 57（2）: 347-359.

DUARA P, 1988. Culture, power, and the state: rural north China, 1900-1942[M]. California: Stanford University Press.

EGGERTSSON T, 1990. Economic behavior and institutions: principles of neoinstitutional economics[M]. Cambridge University Press.

EGGERTSSON T, 1994. The economics of institutions in transition economies[J]. Institutional Change and the Public Sector in Transitional Economies, 241.

FURUBOTN E G, PEJOVICH S, 1972. Property rights and economic theory: a survey of recent literature[J]. Journal of Economic Literature, 10（4）: 1137-1162.

FURUBOTN E G, PEJOVICH S, 1974. The economics of property rights. （ed）[M].

Cambridge, Massachusetts, Ballinger Publishing Company.

GAO J L, CHEN W, YUAN F, 2017. Spatial restructuring and the logic of industrial land redevelopment in urban China: I. theoretical considerations[J]. Land Use Policy, 68: 604-613.

GAO Y, MA Y J, 2015. What is absent from the current monitoring: idleness of rural industrial land in suburban Shanghai[J]. Habitat International, 49: 138-147.

GILBERT M. On social facts[M]. NY: Routledge.

GRANOVETTER M, 1985. Economic action and social structure: the problem of embeddedness[J]. American Journal of Sociology, 91: 481-510.

GRIFFITHS T G, IMRE R, 2013. Mass education, global capital, and the world: the theoretical lenses of istván mészáros and immanuel wallerstein[M]. NY: Palgrave Macmillan.

GUO Y, XIAO Y, YUAN Q F, 2017. The redevelopment of peri-urban villages in the context of path-dependent land institution change and its impact on Chinese inclusive urbanization: the case of Nanhai, China[J]. Cities, 60: 465-475.

HALFACREE K, 2007. Trial by space for a "radical rural": introducing alternative localities, representations and lives[J]. Journal of Rural Studies, 23（2）: 125-141.

HE S J, LIU Y T, WEBSTER C, et al., 2009. Property rights redistribution, entitlement failure and the impoverishment of landless farmers in China[J]. Urban Studies, 46（9）: 1925-1949.

HE S J, WU F L, 2009. China's emerging neoliberal urbanism: perspectives from urban redevelopment[J]. Antipode, 41（2）: 282-304.

HO P, 2005. Institutions in transition: land ownership, property rights, and social conflict in China[M]. Oxford: Oxford University Press.

HO P, 2014. The "credibility thesis" and its application to property rights:（In）secure land tenure, conflict and social welfare in China[J]. Land Use Policy,（40）: 13–27.

JOHNSON G E, 1993. Transformation in rural China: some evidence from the Pearl

River Delta（Ed.）[J]. Chinese Families in the Post, 1993.

KAN K, 2016. The transformation of the village collective in urbanising China: a historical institutional analysis[J]. Journal of Rural Studies, 47: 588-600.

KAN K, 2019a. Accumulation without dispossession? Land commodification and rent extraction in peri-urban China[J]. International Journal of Urban and Regional Research, 43（4）: 633-648.

KAN K, 2019b. A weapon of the weak? Shareholding, property rights and villager empowerment in China[J]. The China Quarterly, 237: 131-152.

KAN K, 2020. The social politics of dispossession: informal institutions and land expropriation in China[J]. Urban Studies, 1-16.

KELLIHER D, 1997. The Chinese debate over village self-government[J]. The China Journal, 37（37）.

LAI Y N, 2014. Land development in urban villages in China: constraints and evolution from an institutional perspective[D]. Hongkong: Doctoral Dissertation, The Hong Kong Polytechnic University.

LAI Y N, PENG Y, LI B, et al., 2014. Industrial land development in urban villages in China: a property rights perspective[J]. Habitat International, 41: 185-194.

LAI Y N, TANG B, 2016. Institutional barriers to redevelopment of urban villages in China: a transaction cost perspective[J]. Land Use Policy, 58: 482-490.

LAI Y N, ZHANG X L, 2016. Redevelopment of industrial sites in the Chinese "villages in the city": an empirical study of Shenzhen[J]. Journal of Cleaner Production, 134（5）: 70-77.

LI B, LIU C, 2018. Emerging selective regimes in a fragmented authoritarian environment: the "three old redevelopment" policy in Guangzhou, China from 2009 to 2014[J]. Urban Studies, 55（7）: 1400-1419.

LIN G C S, 1997. Transformation of a rural economy in the Zhujiang Delta[J]. The China Quarterly, 149: 56-80.

LIN G C S, 2015. The redevelopment of China's construction land: practising land property rights in cities through renewals[J]. The China Quarterly, 224: 865-887.

LIN G C S, HO S P S, 2005. The state, land system, and land development processes in contemporary China[C]. Annals of the Association of American Geographers, 95（2）: 411-436.

LIU X, LI X L, 2012. Land administration system structured land rent residuals and China's urban sprawl : a case study of Dashi, Guangzhou[J]. Urbani Izziv, 23（Suppl 2）: 150-160.

NEE V, SU S, 1996. Institutions, social ties, and commitment in China's corporatist transformation[J]. Reforming Asian Socialism: The Growth of Market Institutions, 111: 132-133.

NORTH D C, 1987. Institutions, transaction costs and economic growth[J]. Economic Inquiry, 25（3）: 419-428.

NORTH D C, 1990. Institutions, institutional change and economic performance[M]. Cambridge: Cambridge University Press.

OI J C, 1995. The role of the local state in China's transitional economy[J]. The China Quarterly, 144: 1132-1149.

ORTMANN G F, KING R P, 2007. Agricultural cooperatives I: history, theory and problems[J]. Agrekon, 46（1）: 18-46.

PIERRE J, 1999. Models of urban governance: the institutional dimension of urban politics[J]. Urban Affairs Review, 34（3）: 372-396.

PO L, 2008. Redefining rural collectives in China: land conversion and the emergence of rural shareholding cooperatives[J]. Urban Studies, 45（8）: 1603-1623.

PO L, 2012. Asymmetrical integration: public finance deprivation in China's urbanized villages[J]. Environment and Planning A: Economy and Space, 44（12）: 2834-2851.

SKINNER G W, 1971. Chinese peasants and the closed community: an open and shut case[J]. Comparative Studies in Society and History, 13（3）: 270–281.

STRANGE W C, 1995. Information, holdouts，and land assembly[J]. Journal of Urban Economics, 38（3）: 317-332.

SU F B, LU X, ZHAO X, et al., 2018. Land taking and electoral rule setting: evidence from Chinese rural democracy[J]. Political Studies, 67（3）: 752-774.

TAO R, SU F B, LIU M X, et al., 2010. Land leasing and local public finance in china's regional development: evidence from prefecture-level cities[J]. Urban Studies, 47（10）: 2217-2236.

TIAN L, YAO Z H, 2018. From state-dominant to bottom-up redevelopment: can institutional change facilitate urban and rural redevelopment in China?[J]. Cities, 76: 72-83.

TIAN L, ZHU J M, 2013. Clarification of collective land rights and its impact on non-agricultural land use in the Pearl River Delta of China: A case of Shunde[J]. Cities, 35:190–199.

TSAI L L, 2002. Cadres, temple and lineage institutions, and governance in rural China[J]. The China Journal, 48, 1-27.

WANG B Y, TIAN L,YAO Z H, 2018. Institutional uncertainty, fragmented urbanization and spatial lock-in of the peri-urban area of China: a case of industrial land redevelopment in [J]. Land Use Policy, 72: 241-249.

WEBER M, 1968. The religion of China[M]. New York: Free Press.

WEITZMAN M L, XU C G, 1994. Chinese township-village enterprises as vaguely defined cooperatives[J]. Journal of Comparative Economics, 18: 121-124.

WILLIAMSON O E, 1985. The economic institutions of capitalism[M]. New York: Free Press.

WILLIAMSON O E, 2000. The new institutional economics: taking stock, looking ahead[J]. Journal of Economic Literature, 38（3）: 595-613.

WONG S W, 2015. Land requisitions and state-village power restructuring in southern

China[J]. The China Quarterly, 224: 888-908.

WU F L, 2015. State dominance in urban redevelopment: beyond gentrification in urban China[J]. Urban Affairs Review, 52（5）: 631-658.

WU F L, XU J, YEH A G, 2007. Urban development in post-reform China: state, market, and space[M]. London: Routledge.

WU F L, ZHANG F Z, WEBSTER C, 2013. Informality and the development and demolition of urban villages in the Chinese peri-urban area[J]. Urban Studies, 50(10): 1919-1934.

YANG R, CHANG C, 2007. An urban regeneration regime in China: a case study of urban redevelopment in Shanghai'sarea[J]. Urban Studies, 44（9）: 1809-1826.

YAO Z H, Tian L, 2020. How did collectivity retention affect land use transformation in peri-urban areas of China? A case of Panyu, Guangzhou[J]. Journal of Rural Studies, 79: 1–10.

YE L, 2011. Urban regeneration in China: policy, development, and issues[J]. Local Economy, 26（5）: 337-347.

YEP R, 2015. Filling the institutional void in rural land markets in southern China: is there room for spontaneous change from below?[J]. Development and Change, 46（3）: 534-561.

ZHU J M, 2012. From land use right to land development right: institutional change in China's urban development[J]. The Great urbanization of China, 41（7）: 1249-1267.

ZHU J M, 2013. Governance over land development during rapid urbanization under institutional uncertainty, with reference to peri-urbanization in Guangzhou metropolitan region, China[J]. Environment and Planning C: Government and Policy, 31(2): 257-275.

ZHU J M, 2016. The impact of land rent seeking and dissipation during institutional transition on China's urbanization[J]. Urban Affairs Review, 53（4）: 689-717.

ZHU J M, 2018a. Path-dependent institutional change to the collective land rights in the Context of Rural-to-urban Organizational and Spatial Changes[J]. Journal of Urban Affairs, 1-14.

ZHU J M, 2018b. Transition of villages during urbanization as collective communities: a case study of Kunshan, China[J]. Cities, 72: 320-332.

ZHU J M, GUO Y, 2015. Rural development led by autonomous village land cooperatives: its impact on sustainable China's urbanisation in high-density regions[J].Urban Studies, 52（8）: 1395-1413.

ZHU J M, HU T T, 2009. Disordered land-rent competition in China's peri urbanization: case study of Beiqijia township, Beijing[J]. Environment and Planning A, 41（7）: 1629-1646.

后 记

　　集体建设用地更新是珠三角半城市化地区城市更新的重要领域。存量集体土地承载着城市发展潜在土地资源与农村集体经济资产和流通资本的多重价值，其更新实施关乎保障集体财产权益、维护城市公共利益和实现土地资源优化配置。自 2008 年全球金融危机以来，珠三角农村工业化地区面临持续的集体建设用地转型需求。在"三旧改造"土地再开发政策背景下，地方政府积极推进低效村级工业园整治提升，解决集体旧厂房布局分散、形态破旧、产值税收低、利用效率低等问题。实践过程中，农村集体普遍不愿放弃对土地的所有权和开发权，倾向于保留集体土地、延续稳定的租赁经济；以村级工业园为代表的集体建设用地更新步履维艰。

　　2014 年，得益于广州番禺区城乡更新的研究课题机遇，我逐渐进入集体土地产权和存量更新治理的研究领域。经过历时近一年的调研，以及后续对珠三角三旧改造的持续跟踪观察，我意识到集体建设用地更新的关键是土地产权重构问题。由于集体产权是"集体所有"，具有经济、社会和认知三重属性。集体建设用地更新不仅是土地开发空间权益再分配的经济过程，也事关城市化地区集体社区社会经济结构的转型。本研究以集体土地产权特征及运作规则为突破口，试图揭示珠三角非农化村庄集体建设用地转型的困境及内在成因。本书是在我的博士论文《制度转型背景下珠三角集体建设用地再开发研究：以广州番禺区为例》的基础上，结合我主持的教育部人文社会科学研究项目《"乡村集体性"对珠三角集体工业用地再开发的影响研究：基于新制度经济学视角的分析》（项目批准号：20YJCZH214）研究成果，经过系统总结而成的。近年来，我又相继参编了《城市更新与空间治理》《城市更新规划》两本教材，对存量集体建设用地更新有了更深入的理解。

衷心感谢我的两位恩师——同济大学的朱介鸣教授和清华大学的田莉教授。他俩高屋建瓴、言传身教，使我日渐对学术研究产生了兴趣，进而走入城市研究的学术大门，逐渐形成了自己的研究方向。朱介鸣老师儒雅恬淡，理论功底深厚，注重实证研究。我在撰写博士论文期间与朱老师讨论了 20 余次，历次学术交谈其实都是朱老师几十年学术研究感悟与经验的传授，使我受益匪浅。田莉老师学术作风严谨、研究视野宽广、学术成就卓著。读博以来，田老师经常通过各种方式加强学生的学术训练，提供各类研究课题、论文写作的机会，推动我根深蒂固的规划思维向研究思维转型。两位导师大气的学者风范也感染了我，在我博士毕业以后他们仍然关心我的学业，促使我保持定力专注自己的研究领域。

一路走来，除了两位导师的指导，还受到多位老师与朋友的帮助。感谢博士答辩委员会的孙斌栋教授、陈杰教授、周效门教授、李京生教授、栾峰教授对论文成果提出的宝贵建议。感谢宋彦教授，2015—2016 年我在美国北卡罗来纳大学教堂山分校城市与区域规划系访学期间，宋老师为我提供了各种机会了解美国的城市问题和城市研究，为我打开了美国城市更新研究的大门。感谢广州市番禺区城市更新局师雁局长、深圳市罗湖区城市更新局冯彦副局长在我调研时给予的帮助与建议。感谢长期深耕珠三角土地问题的中地集团总经理谢建春博士，在我论文写作过程中提供的启发性建议。广州的黄素娟老师、朱光文老师使我初步了解了广州的宗族文化；上海大学李永浮教授严谨的学术作风为我树立了楷模，在此一并致谢。感谢硕士导师刘冰教授多年来对我工作后回到校园继续学术研究的支持和鼓励。感谢师门兄弟姐妹们的陪伴、交流和启发，未来我们携手共勉。感谢我的硕士生张敬康、李建新参与了部分图片和文献的编辑工作。

最后，特别感谢我的爱人陈静，她在我读博以来担负起了家里的经济压力，支持并鼓励我从事自己的专业。感谢我的父母与岳父母，他们都已年迈退休，一直默默地付出与帮助我们，家里有事自己扛，事事子女为先，这么多年实属不易。最后，谨以此书献给我亲爱的女儿！

姚之浩

2022 年 12 月于上海